谢然/著

不读论语枉少年

一平题

海天出版社
· 深圳 ·

图书在版编目（CIP）数据

不读论语枉少年 / 谢然著.—2版.—深圳:海天出版社, 2016.8（2019.11重印）
ISBN 978-7-5507-1713-8

Ⅰ.①不… Ⅱ.①谢… Ⅲ.①儒家②《论语》–研究
Ⅳ.①B222.25

中国版本图书馆CIP数据核字(2016)第173533号

不读论语枉少年
Budu Lunyu Wangshaonian

出 品 人：聂雄前
责任编辑：王　民　蒋鸿雁
责任技编：梁立新
责任校对：方　琅
书名题字：陈一平
装帧设计：李松璋书籍设计工作室

出版发行：海天出版社
地　　址：深圳市彩田南路海天综合大厦(518033)
网　　址：www.htph.com.cn
订购电话：0755-83460293（批发）　83460397（邮购）
排版制作：深圳市思成致远创意文化有限公司　0755-82537697
印　　刷：深圳市希望印务有限公司　0755-89502914
开　　本：787mm×1092mm　1/16
印　　张：17
字　　数：230千
版　　次：2016年8月第2版
印　　次：2019年11月第3次
定　　价：28.00元

谢然，读经典的小天使

曹文轩

　　很高兴再次看到谢然的文集，很惊喜谢然的新文集是对《论语》的个性解读，于是我欣然再次为谢然这个不平凡的少年写的这本不平凡的书作序。

　　谢然的第一本书是2010年出版的，名字叫《我好想再遇见你》。在那本书里，我的序以《阳光写作的注脚》为题。那时的谢然上高一，才十五岁，就表现她在散文方面的超凡才情和天性中的淳厚和悲悯。这种可贵的人格底色和超凡才情，源于谢然有大量的高品质的阅读体验。

　　我在很多场合都说过这样的话：书分两种，一种是"打精神底子"的，一种是打完底子再读的书。"打精神底子"的书，是关于大善大美大智慧的书，是奠

定人生观、思想品质、健康健全心灵的书，是经典。青少年当然应该先读"打精神底子"的书。谢然读的《论语》，是经典中的经典，是最好的打精神底子的书之一。选读这样一本书，非常有眼光，很了不起。并且她还读得这么细，这么深入，这么有见地，这么有成果，还能成为一本文集，即便谢然是一名上了年纪的有一定资历的专业研究学者，这也是一件了不起的成果，更何况谢然现在还只是个高中生，只有十七岁。读书，读好书，读经典，读《论语》，让谢然成了成就卓然的文学少年，一笔巨大精神财富的拥有者。对于谢然来说，财富不在远方，就在她的经典阅读中。

在谢然，读《论语》很有趣，很好玩，她眼中的孔子是个可爱的普通的神奇的智慧的老头子，《论语》是一本值得所有少年都认真品读、用心玩读的书，是一本可以当作小说来追读的书，是一本长得最不像经典的经典。读她这本书，你还可以感受到，读《论语》，其实可以读得很轻松，可以读得很平静，可以读得很幽默，可以风吹哪页读哪页。

谢然对《论语》的解读，另类且幽默，既具有个性，又不乏深刻和犀利。她以传统经典的眼光来猛烈批判现实，又用当下的眼光来深刻解读传统经典，颇有创意，很具有可读性。小小年纪的谢然解读了代表了人类最高智慧的经典《论语》，这是真正的拿云少年心事，真不枉了十七岁花季这个人生最美好的年华。在谢然的解读中，孔子不但是万世师表，还是万世生表，因为孔子好学天下第一，是天下所有求学者的表率——这是一个相当了不起的见解。孔子还是"大帅哥"，是"天下第一情圣"，但孔子又是一个用很不漂亮的"狗刨式生存"来前行的落魄人，也是一只在周游列国路上奔波忙碌的"丧家狗"……谢然说，"孔子很有立体感"。是的，谢然那支淳厚而犀利的笔，很大程度地既还原了孔子的真实，也很好地表现了谢然对《论语》理解和感悟的深度和广度。这本书，很了不起。

据说这本《不读论语枉少年》，缘起于2010年谢然入选深圳市第三届十佳文学少年之后受邀在《深圳青少年报》写专栏。当时才十五岁的少年谢然，就已经成为专栏作者。这一方面当然是谢然的个人成就，也是深圳青春文学这块土地对文学少年的倾力扶持。我常常说，天堂是一座图书馆。深圳这座城市对阅读的重视和热爱，有目共睹，深圳正是一座热爱阅读的天堂。谢然生活在这样一座天堂城市，热爱读书，热爱读经典，这是谢然的幸运，也是深圳的幸运——谢然正是深圳这座天堂的小天使。

当下，出版物太多太杂。但今天出版的80%的书，是你读了之后，一转身就忘了的书。所以，孩子读什么书，家长是重要的把关者。家长要负责给孩子们寻找书，辨别好书，尽量让孩子们在童年时代读到好书。我想说，谢然的家长无疑正是这么一位有见地有品质的把

关者和引路人。谢然一家，是深圳市"30年30户书香人家"之一——民间推选加官方认证过的书香门第——这就可以解释谢然的卓然成就了。家学渊源，还有好学和聪慧，所以这座天堂城市的小天使是谢然，不是别人。

出版这本书时的谢然正值高三。她说，当下最要紧的是功课，她已经不能多读除课本以外的书了，自己理科不咋地，得发愤苦学，高考毕竟是她眼前的天下第一大事。我了解中国当下的高考，也可以想见谢然目前的压力和辛苦。但我想，无论谢然考上什么样的大学，天性淳厚的谢然，爱读经典的谢然，有着卓越的语言表现力的谢然，日后一定能在写作和学问方面有所成就。

我期待。

2011年11月8日于北京大学蓝旗营

自 序

来一场正常的发烧

谢 然

　　一位长辈从事建筑工程行业，他在日本考察回来，告诉我，日本建一栋一百多平方米的房子需要一年多，因为将水泥浇筑埋入地底的钢筋后，等水泥完全凝固坚硬需28天，28天后方能继续动工，动工后依旧慢工细活……因此，他们的建筑非常牢固，能"活"几百年。

　　反观中国，人们乐道的"深圳速度"——三天建一层楼。但是，深圳这座城发足狂奔时，速度太快，连身体乃至精神的"汗水"都没来得及发散，只得捂在光鲜的外表下。更有甚者，近年内地很多城市的发展速度快到连"深圳速度"都望洋兴叹——这其中，有多少水泥软趴趴地被捂地底心怀鬼胎，蠢蠢欲"动"？

　　中外现象对比，可见国人之急功近利。究竟，国人

的精神内核是什么？把酒问从前。

近代中国，"汗水"就没好好地发散——早捂出病来了。这个国家，从很久以前，甚至洋务运动以前，就发烧了。

鸦片战争时，清朝皇帝终日沉睡在"上国天朝"的迷梦里。谁知这梦虚胖；鸦片像一剂巴豆，让这个梦拉稀了。虚胖的梦瞬间拉成了"病夫"，连直立行走都不能。文化兴盛与国家富强素来相伴而生，而文化精神的哀鸣正是国家积贫积弱的病发症状。上溯历史，封建制度由儒学佐之，而儒学经过了董的"术"化，程朱的"理"化，陆王的"心"化，早已呆滞，教条；受其浸染而成长的少年哪里强得起来，独立得起来，进步得起来？！少年不强，不独立，不进步，国家灭亡则必然。

儒学恒热，自汉就"炙手可热势绝伦"。儒学在先秦"不得志"，因为儒学本身不合皇家口味，但有人将它浓妆艳抹后被"一朝选在君王侧"，攀成"正宫娘娘"的儒学，怎么允许自己"失宠"？于是不断画眉入时。卿本清水佳人，但受热膨胀后的儒学已不是儒学，直到近代，无法抗衡"德""赛"，崩阻了。康有为"托古改制"的自救药方披着儒学的皮，袁世凯复辟帝制举了"尊孔"的旗；叹一声"儒学太热"。

接着，"新文化"运动了，"新青年"的矛头对准儒学，宣称"打倒孔家店"，给长期高烧不下的中国下了剂猛药，貌似病除。

但新文化运动成功的影响在今日堪忧。新青年把前人文化之积累唾弃精光，而我们这些接受了新文化的后人，哪个成就盖过前人？前有古人而视之不见，则后来小子亦从未闻名。钱学森之问，哪个教育家能答出一二三来？不再念四书五经，而我们在启蒙时代念过什么？"两个黄蝴蝶，双双飞上天""小鸡叫，叽叽叽；小狗叫，汪汪汪"。这些果真比"关关雎鸠，在河之洲""仁以为己任"更能培养我们的精神内核吗？为什么我们没有接受更有营养的文化？答案应是近代中国"新文化运动"对传统文化的彻底否定，以及新中国成立之后以"打倒孔老二"为代表的一切意识形态所造成的文化断层。

文化断层使我们与先人创造的瑰丽文化相隔，让开启传统文化宝库的钥匙"生锈"——何止是"古语与今语不同"的困难，更有"今人不愿读古文"的障碍。新文化的影响也在病态地膨胀，发烧。

如今我们意识到了这个问题，在发烧时梦见孔子，把传统文化冠名成"国学"，也是近几年的梦呓。国学又热了起来。

发烧，下猛药；又发烧，又下猛药……什么时候国人才能为疗救国魂而真正地"发一场烧"，什么时候才能正确地诊断，科学地对待一场又一场的烧？

中国，多病，尤以近代以来为甚。德先生来过，赛先生也来过。我们现在比以前健康、富有，也比以前

冷静、智慧。我们不再一生病就去庙里求菩萨保佑，也不再相信江湖术士的招摇撞骗——我深信，当下的这热那热，国学，股市，地产，车，出国，毒品，还有全球化……这些烧，是一场场正常的高烧，是人人都发过的高烧——高烧后，发发汗，一定给足够的时间来发发汗！我们的精神足够健康，准备足够充足——高烧，来，放马过来！——我已亭亭，不忧，亦不惧。

当炎夏已炎，清秋之清还会远吗？

目录

第三章 光阴的故事

第四章 圣人可能很家常

第五章 子曰与谁曰

第六章 《论语》的辩证法

第七章 孔子那面魔镜

第八章 孔子和他的朋友们

第九章 他们、他们和孔子

第十章 日常的孔子

第十一章 这样的孔门弟子

第十二章 一座不朽的精神丰碑

第一章 少年的《论语》心事

面对浩如烟海的"书灾"，我手里捧着《论语》，像是捧着一张旧船票，一直渴望登上那艘皇皇的智慧巨轮，驶向我所追寻的彼岸。经典成为经典，九死一生。劝君莫惜金缕衣，劝君惜取少年时。东风既与周郎便，那就不要错过春深里的春声。

《论语》广告与我的深圳

今年夏天真是热，不是一般的热，全世界人民都说深圳真的很热很热。今年夏天，第26届世界大学生运动会在深圳隆重举办。全世界的大学生运动员代表们来到了深圳，他们一下飞机，热浪就轰隆隆地扑面而来，让他们真切地感受到了深圳真是中国名副其实的"一方热土"。天气虽炎热难耐，但大运会却办得非常成功。大运会也让深圳成功地在全世界面前亮相。在大运期间，深圳市街头随处可见的《论语》公益广告牌更是为深圳这个年轻的经济特区增添了不少的文化含量。

"有朋自远方来，不亦乐乎""礼之用，和为贵""与人恭而有礼，四海之内皆兄弟也""德不孤，必有邻""君子和而不同"……大运会开幕前，这些公益广告牌犹如一夜春风，千树万树地树立在深圳的街头巷尾。那天的报纸社论题目是《〈论语〉公益广告牌，展现城市优雅与高贵》，社论第一段的中心句是："《论语》金句……出现在深圳街头，绽放中华文化之美，展现城市的优雅与高贵。"

我的学校地处东门闹市，很长时间以来修地铁修得个热火朝天灰尘满天，满天尘埃中唯一鲜明夺目的是那些琳琅满目五彩缤纷的商业广告，半裸的猛男，几乎全裸的美女，电器的，月饼的，房产的……每次我出校门去买饭或者去报刊亭买书，都躲躲闪闪快去快回，躲广

告，闪灰尘。直到那天，我发现校门外的闹市居然焕然一新，整洁，敞亮，地铁也开通了，所有的秩序井然，最意外的是发现了这些《论语》句子广告牌，它们居然什么都不卖，他们只卖文化——牌上有原文、译文，英语翻译，还配有耐看的隽永的中国传统文化元素的背景和图案……发现它们，我从意外到惊喜，到狂喜，到一路追寻，看看哪里还有这些广告牌，发现，驻足，欣赏，忍不住轻轻地伸手触摸——我从小学一年级来到深圳，从那时起被家里要求小和尚念经一样地念《论语》，到背《论语》，到略懂《论语》，到现在刚好是第十个年头。在深圳的闹市中就能触摸《论语》，而不是只在家里只在书中才能触摸到它——那一刻，我的手指有微微的颤抖——那一刻，我觉得，在街头就能看到读到触摸到《论语》的深圳，正是我的深圳。

我唯一的不满，就是报纸上和专家们的口中，总是称这些句子为"金句"。是的，金子是昂贵的，金子是珍贵的，金子是可贵的，金子是人人都喜欢的，金子是最能体现价值的……用"金"字来命名这些经典名句也许可能是最恰当的。但金子却不属于平民，它似乎只属于有钱人。而金子，作为装饰品的金子，一个人越是满身金子珠光宝气，也许越发显得他/她的粗俗和浅薄，一个城市很有钱，很经济也很特区，这也并不能增加它的文化分量和内涵，所以我们的街头才需要《论语》。而《论语》却是平民的，大众的，平和的，不势利的……深圳作为中国改革开放最成功的经济特区，金子的分量很重很重了，而文化的分量却还很轻很轻。不过，"金"字的含义太广太广，它在"金句"里的意思应该是"最好的"。是的，我知道。最好的《论语》，最好的句子，最好的广告牌……

曾经很仰慕那些欧洲小镇，据说遍地都有平常而又著名的雕塑；也曾经很仰慕莫斯科的地铁，据说它享有"地下的艺术殿堂"之美称；前不久也很仰慕上海的地铁，据说在上海的地铁站能读到不少的中外诗歌名篇。现在我置身于深圳街头，不再像以前那样仰慕那些地方，不再像以前那样羡慕生活在那些地方的人们——因为我的深圳，有了《论语》！

　　深圳，被贴过一些标签，什么"创意"，什么"创新"……我希望我的深圳，以后能被贴上"继承"和"传承"中国传统优秀文化这样的标签……也希望这些《论语》金句，不仅仅展示城市的优雅与高贵，更能名副其实地体现我们这个富有的城市对中国传统文化的承担。"仓廪实而知礼节""行有余力，则以学文"，至少，我希望往后的深圳的街头，不只有《论语》，还有《孟子》，还有《老子》，还有《庄子》，还有《大学》……希望我的深圳，不只是在大运会来了才有《论语》，我觉得，平时就应该有，或者说早就应该有，并且一直有下去。

《论语》，我的成长圣经

　　高中后我的阅读时间大大缩水，对课外书的阅读只局限于几本月刊，虽说其内容涉猎较广，但我总感觉少了些什么，渐渐也少看了。后来，我又开始读《论语》，我读得很慢很慢，慢到一周只读《论语》中的一句小格言，《论语》开篇第一句"学而时习之"，我就用了一周的时间读，但我未曾觉得乏味，相反认为每一天都有新的收获。

　　读《论语》其实也是在读孔子。孔子主张"中庸"，但目前还没有人为这"中庸"下过无可辩驳的定义。字典里说"中庸"是"待人接物采取不偏不倚，调和折中的态度"，貌似精准，但仍造成了大多数人理解上的狭隘，认为所谓的"中庸"就是做老好人，中立，保守而不进取，"骑墙派"等等。这样的理解，要么只解释了"中"，要么只解释了"庸"。试着用逻辑来推理一下，孔子是那种"你用我我才出来做官，你不听取和采纳我的建议和意见我就辞职走路（用之则行，舍之则藏）"的人，是典型的不为几个馒头卑躬屈膝的人，是为天下苍生之大计而奔走呼告的人，他岂会为了一顶乌纱帽而阿谀皇帝老儿？以他的魄力和气概，难道会主张一个"保守而不进取"的"中庸"之道？台湾大学哲学系傅佩荣教授在解释"中庸"的时候，用了八个字，这八个字我举双手双脚表示赞同——当狂则狂，当狷则狷。

能做到这一点要有两个条件：一是客观条件"当狂"，时机要对；二是主观条件"则狂"，要能狂得起来。孔子知道什么时候该"狂"，也有能力"狂"。

这一个"中庸"之道或多或少地影响了我的行事和处世，也包括了我的行文风格。我不尖刻也不辛辣，因为我还在等待着，等待"当狂"的时机，等待"能狂"的时候，应当说我还在不断地练习中。对于那句"出名要趁早"，我持一定保留的肯定态度，若只是为了出名而出名那么大可趁早，当然像张爱玲这样的奇才早早地就"能狂"了，那么出不出名都是迟早的事。至于我自己，我望前尘而自愧莫及，我是一般人，有待修炼，但我不是没有锋芒，我只点到即止，我也不是老好人，至少还没有一个人说看过我的文字，像喝了一杯温吞水。所以，我认为，《论语》影响了我的写作。

接着来，我要说《论语》也影响了我的阅读。读《论语》让我知道了孔子其实是为别人活着的人，可不是吗？孔子"知其不可而为之"，在血光与剑影的纷乱交错的五霸春秋之时，苍生的生活如极夜，漫长、黑暗且寒冷。孔子的"克己复礼"思想在这莽莽如兽的黑夜中如流萤，虽然没有照亮大地的可能却也为天下太平努力着，他为什么要提出恢复周礼？难道是因为他迂腐陈旧所以保守地穿着过时的周朝礼服不肯脱去吗？是因为周礼能使天下安定！但他本人又因这"克己复礼"受了多少不明不白的冤屈？他说的"一日克己复礼，天下归仁焉"难道有什么不对吗？他到底是为了照亮别人而活着的人，他也以此为己任。对此，爱因斯坦也说："人是为了别人而活着的。"这一点，以前我不相信。

小时候读余华的《活着》，觉得他很残忍，他让小说的主人公福贵的亲人一个接一个地死去，最后只剩下一头老牛陪着福贵。"举杯邀明月，对影成三人"，可福贵没有明月，老牛也只是他的影子，他只是为了活着而活着，似乎是无奈了。但现在再回头来看《活着》，尤其是读了《论语》之后的现在，再来看《活着》，又有另一番体

悟，套用一句师兄李墨白的观点，"余华是一个内心阳光的人"，他笔下的福贵也是为了别人而活着的人，只是那些"别人"都已死去，福贵的生命中流淌着死去的人对生的渴望、对他的依恋和对他活下去的希望，所以福贵只能很好地活下去了。他的生活是一首为死去的人唱的歌，尘归尘，土归土，我用我余下的生命来送你们最后一程。

我想做的，是像福贵那样的人，为别人活着，还要活得好好的，有滋有味的，充满希望的。虽然离孔子那种为天下苍生而活着的人生价值观还有很长的一段距离，但我会朝着这个方向努力。从这个层面上讲，《论语》似乎还影响了我的人生观。

从某个角度讲，《论语》也许是我成长的圣经。

写给《论语》的一帧记忆

　　我早就忘记了我是什么时候开始接触的《论语》，但应该是从"听"《论语》开始的。家里有张光盘《论语》，终年的在黑色电脑主机里，不见天日。但它的声音却常年在家中回响，雷打不动，这也许就叫做"未见《论语》，先闻其声"吧。

　　其实我一开始并不知道这终日在家里回响的声音就是《论语》，也不知道那个终日喋喋不休的女声到底念的是什么意思，但长年累月地听下来，对每个字的发音都了然于心，对整个内容都谙熟，听到"愿车马衣轻裘，与朋友共，敝之而无憾"时，就知道接下一句的时候应该是另一个女声来念。光盘在转，女声在不厌其烦地念，我在心里默默地跟。

　　后来长大了些，知道了音箱里念出来的是类似于格言类的古文，而且"子曰"二字经常重复，但还是不具体懂得是什么意思。但要说"一窍不通"，倒也不对，至少九窍应该还是通了个把窍的。比如说，念到"朝闻道，夕死可矣"的时候，我就好像懵懵懂懂地听懂了些，"早上听到了道理，晚上就死了也没有遗憾了"，这大概就是我对它最初的理解，也是最直白的翻译了。但我对其中的深意还是知之甚少，只是在当时很是自鸣得意了一番，自以为很了不起的。

　　初中的语文课本里开始有了文言文，算是对基础和词汇的入门，

课本还选了《论语》十则，是要求背诵的。别人都在抱怨这个"子"怎么喋喋不休地"曰"来"曰"去的，害得大家背得好辛苦，但我却觉得那些小格言就像我的老朋友一样熟悉了。在唇齿之间咀嚼着，在心里别有一番韵律呢。就好像家里养着的一只小狗，与它非常亲密，终日听它在吠叫，却不懂它的意思。终于有一天，我发现我听懂了，听懂了它的抑扬顿挫起承转合喜怒哀乐——我对于这一发现既深感陌生也倍受鼓舞——就这样，我走进了《论语》。

在家中的书房里乱窜时发现了一本《论语》，翻开来一看还注有拼音，便毫不客气地朗读起来。翻开《论语》的第一句便是"子曰学而时习之不亦乐乎？"至此才意识到，那终日喋喋不休的女声，与这本一翻开就尘埃扑面害我猛打喷嚏的《论语》是同一个东西。于是在往后的日子里，只要那光盘一有动静，我就应景式地翻开对应的某一页书，边听边看，边听边读，若有所思，若有所得。

某一个暑假，母亲特别要求我要背《论语》，顺便把李零教授的《丧家狗——我读〈论语〉》也一并交给我，"不懂就自己看。"《丧家狗》里对《论语》的每句话都有详细的注解，但我却觉得一个头两个大，因为背诵的时候没有办法让自己停下来思考这个字这句话究竟是什么意思。就像自己在做卷子，答案就在最显眼的地方，我有什么力量来抗拒作弊的冲动呢？所以当我一心一意把《丧家狗》读完的时候，又发现李零先生的注解既客观又精妙，语言表达还幽默自然，暗暗叹服之余，还耽误了一些背诵的时间。

那个暑假，好多时间我以这样一个形象出现的：坐在窗台上，头枕着淡花素雅的窗帘，定定地看着窗外蓝天白云下苍翠的梧桐山入神，其实是在默默地读背着《论语》，时不时地看到白云和青山是怎样幻化成孔子弹琴、子路舞剑、宰予昼寝、颜渊做课堂笔记的样子。很多的时候背诵着就走神了，听着自己的声音竟误以为自己在听光盘，后来才发现听到的那个喋喋不休的女声其实是自己。这时我推开窗，大声地朗读起来，假装自己就是一张光盘，正在电脑的主机里转着，声音传遍家里各处，绕梁三日不止；也假装自己就是孔子，正在读自己的灵魂给某个有心人听。

他梦见周公，我梦见孔子

孔子十分崇拜周公，如果梦见了周公就十分高兴。不知从何时开始，我们说某某人正在睡觉，就俏皮地说某某人"正在和周公约会呢"这几个字来代替。这大抵是从孔子那里流传下来的笑话。事实上一般人不了解周公，也是不可能梦见周公的。也许只有孔子，才有资格在梦中和周公约会吧。

"子曰：周监于二代，郁郁乎文哉，吾从周。"

监通鉴。意思是说，周朝的礼教制度是参考了夏殷两朝的，形成了蔚然灿烂的文化大观，孔子十分欣赏，他遵从周礼。实际上，周礼正是由周公创立，其中的礼乐制度尤为孔子所欣赏，因为孔子生活的春秋末期正是典型的礼崩乐坏的时代。所谓礼乐制度，是能辅助君王管理国家社会秩序的。一个人在社会上的哪一个阶层，就会有相对应的"礼"和"乐"要遵守和规范。孔子渴望社会安定，恢复到正常而美好的秩序中去，这也是他为什么要主张"克己复礼"，这个"礼"就是"周礼"，也就是孔子"吾从周"的一大表现。

到了孔子晚年，他曾感叹："我实在太衰老了，竟然好久都没有梦见周公了！"（"甚矣，吾衰也！久矣！吾不复梦见周公！"）这使得孔子很伤心。其实梦见周公意味着什么呢？对于孔子来说，梦见周公就好像伏羲看见龙马出没于黄河，大禹看见神龟出没于洛水，都是圣王治世天下太平充满希望的祥瑞征兆。周公也是孔子梦境中实现理想的重要的象征，也几乎是他信仰中的一个重要符号。孔子很久没有梦见周公，就觉得天不再降大任于他了。他还有类似的哀吟："凤鸟不至，河不出图，吾已矣夫！"

很多人在研究孔子时总会提到这样一句话：天不生仲尼，万古如长夜。其实在孔子自己看来，也从事实出发，孔子之前，还有周公，还有孔孟都喜欢谈起的尧舜禹，其实这"长夜"也不尽然。孔子本人一定会否认这句话的，就像孔子不承认自己是圣人一样的道理。但孔子虽然否认自己是圣人，他还是十分清楚自己作为一个平凡人中不平凡的一面——

"子畏于匡，曰：文王既没，文不在兹乎？天之将丧斯文也，后死者不得与于斯文也；天之未丧斯文也，匡人其如予何？"——孔子在匡地被包围，有生命危险，孔子昂然说：周文王去世之后，文化传统不都在我这里了吗？如果上天不要这种优秀的文化传统丧失，那么那些此刻正威胁我性命的人又能把我怎么样呢！——孔子非常清楚自己在捍卫和传承着文化传统的责任，也就是他要负责传承周公改造过的文化传统的责任。同时，他也知道在当时，也只有自己有这种能力。能力越大，责任越大。这在一般人看来狂放不羁的"反动言论"其实正恰如其分地表达着孔子的心声。孔子就是崇敬周公的人，这样一个背负着传承文化使命的人。

听我妈说，她以前上学，课本上有一个散文家的文章，文中写道，"那天晚上，我做了一个梦，梦见自己变成了一只小蜜蜂。"这里的小蜜蜂象征着勤劳的人民。她当时有点怀疑其中的合理性。后来她教书，也教过这篇文章，她告诉她的学生说这里好像说得很矫情，写文章不宜用矫情来取巧，弄巧成拙。听过她的见解，我是绝对不能写我梦见周公了，但我这几年来读《论语》比较多，梦见孔子应该是不矫情的，哈哈。

仰望"井底之蛙"

在我幼稚的眼光中，时常觉得孔子是个新时代的旧人。正值从奴隶制到封建制转型的时期，社会变革动荡，周公正要从旧时代的潮流中淡出。而孔子却紧紧抓住周公的尾巴不放。夕阳无限好，只是近黄昏。孔子眼中的夕阳却烈士暮年，壮心不已。他宝刀未老，廉颇能饭，这就使他在某种意义上逆了时代的潮流。孙文有言，"世界潮流，浩浩荡荡，顺之者昌，逆之者亡。"这样说来，孔子是个失败者。他的失败是必然，他守在旧时代的深井之中，蹒蹒跚跚，根本不打算跳出来，周公一直是他深井天空中的一轮明月。

但也正是因为他崇拜周公，学而不厌，悲天悯人，他才会以天下为己任，创立了儒家学说，提出了"仁"的思想，在他之后的世世代代都受他的荫护。也许可以叹一声，成也萧何，败也萧何。

大抵是他安于这口深井，所以他的目光永远纯正，从不斜视。孔子拜见了齐景公后，齐景公很高兴，直接把一座城送给孔子作食邑。孔子断然拒绝，绝尘而去。"吾闻君子当功受赏。今吾言于齐君，君未之有行而赐吾邑，其不知丘亦甚矣！"我听说君子因为有功而受赏赐。今天我只和齐景公谈了话，他并没有按照我说的理论采取行动，却赏赐城邑给我，他太不了解我了。

对于大人物，尤其像一国之君的大人物，他们所给予的赏赐，受赏人早已大喜过望，大叩其头，山呼万岁了！但孔子却"迂"而不"腐"，"迂"得可敬可佩。须知当时孔子很是落魄，却一直坚守自己的原则，坚持守住自己的那口深井。这，教人如何不仰望？

作家孙犁曾有一个出国的机会，当时羡煞旁人。但他挥挥手就放弃了这个机会。后有人问其故。他淡淡地说："我不会打领带。"也许有人借机哂笑，孙犁这个老古董，目光短浅。依我看来，孙犁说他不会打领带，只是个借口罢了。他根本没有把出国当成一回事。心不所向，志不在此。他后来写《布衣文录》，里面说："冬日透窗，光明在案。裁纸装书，甚适。"一个"甚适"，把所有的快与不快都化作小尘埃，在冬日温暖的阳光里，皆若空游无所依，往来翕忽，直至落定。孙犁也安于做一只井底之蛙，专心做他的布衣文章，独守一方清静安闲。当下的人们，大多浮躁，偶然反省，恐怕不知这种"甚适"为何物吧。

有一个笑话说，一个男人下班之后路过一家服装店，店里大打折扣，人满为患。他进去挑了件衣服想回家博太太欢心，挑好衣服后开始排队。但女人们都疯狂插队，排了一个小时还没轮到他埋单。于是他也决定插队了，那些女人对他说，喂，先生你应该做个绅士！他说："我已经做了一个小时的绅士了，现在我要做一个女士。"要是孔子，他做了一小时的绅士之后，也许会抱怨一下"唯女子与小人难养也"，然后继续做他的绅士。我凭什么相信这一点？也许是孔子的"迂"吧。

孔子是一只井底之蛙，他的深井当然有其深深的历史局限性。但这口井绝不是一口枯井，它充盈着源头活水。这井活水，养出了肥鱼，酿成了洌酒。

《论语》与书灾

　　余光中有篇有趣的文章，《书斋，书灾》，戏言书多了有时像个灾难，还说"书对于一个书呆子，理书是带一点回忆的哀愁的"。余老此言，实在是恰当之至。随即思及《论语》。孔子一生述而不作，《论语》一书是曾参和有若的学生整理出来的，收集各人手中的课堂笔记，林林总总，汇成了一部可治天下的《论语》。时常觉得要是没有曾参和有若的学生，孔子可能就成不了孔子了。但现在想来，当初他们在整理汇编《论语》的时候，也应是带有很深的回忆的哀愁的。

　　苏格拉底也是这样，他也是述而不作的人，他天天在雅典城里和别人真诚而和善地辩论，直至把自己辩论成"知道自己一无所知"的人，把自己辩论成"全雅典最有智慧的人"，也把自己辩上了断头台。如果他没有柏拉图这个天才学生，把他的言论和行为记录下来，那么他的伟大也很可能只在历史上昙花一现而已，他的智慧不可能流芳百世，直至今天还照亮我们心灵的尘埃。

　　再说老子。他本也是述而不作的人，他甚至还不太说话。孔子在年轻时曾请教早已成名为"仁人"的老子，老子就谆谆劝诫年轻的孔丘少说话，祸从口出，沉默是金。"吾闻富贵者送人以财，仁人者送人以言。吾不能富贵，窃仁人之号，送子以言，曰：'聪明深察而近于死者，好议人者也。博辩广大危其身者，发人之恶者也。'为人子者毋以有己，为人臣者毋以有己。"意思是，"我听说富贵之人用财物来送人，仁义之人用言语来送人。我不能富贵，只好盗用仁人的名义，用言语来送你，这几句话是：一个聪慧又能深思洞察一切的人，却常遭到困厄、濒临死亡，那是因为他喜好议论别人的缘故；学问渊博见识广大的人，却常使自己遭到危险不测，那是因为他喜好揭发别人罪恶的缘故。做人子女的应该心存父母，不该只想到自己；做人臣子的应该心存君上，不能只顾到自己。"有一天老子终于什么都不想说了，于是骑青牛出函谷关避世。幸亏守关的是个明眼人，拦着不放行，非要老子留下著作才肯放行，于是才有了洋洋五千言的《道德经》。杨朱却没有那么好运气了，他没有任何著作留传下来，我们只能从别的著述里偶尔瞥见他的名字，也只知道他有一个惊世骇俗的"一毛不拔有利天下而不为也"之论。

反观当下，知识大爆炸，每天的资讯挨挨挤挤如泡沫浮起，每年都有无数的出版物"横空出世"，电视里隔三岔五就会出现一张新面孔，发些"语不惊人死不休"的"惊世骇俗"的荒唐言。这些人这些事都如走马灯般一闪而过，又一闪而过，如一浪又一浪的潮水奔袭而来，又绝尘而去，潮打空城，空空如也。面对浩如烟海的"书灾"，我手里捧着《论语》，像是捧着一张旧船票，一直渴望登上那艘皇皇智慧巨轮，驶向我所追寻的彼岸。经典成为经典，九死一生。劝君莫惜金缕衣，劝君惜取少年时。东风既与周郎便，那就不要错过春深里的春声。

第二章 孔子天下第一

- 夫子好学天下第一
- 孔夫子，怎一个"帅"字了得!
- 天下第一情圣
- 夫子自道与夫子之道
- 谁是最懂我的人阵
- 孔子的民主与忠孝
- 孔子很有立体感

孔子老师，在我的心目中，您的每一个细胞都散发着儒雅气息，彬彬有礼，又不失狂狷气度，能文能武，您是真正的才子与猛男的完美结合。但，在您，又怎是一个"帅"字了得？！

夫子好学天下第一

一般人的心目中，孔夫子是一贯谦虚的——在别人夸他是天纵圣人时他谦虚，在别人夸他学富五车时他谦虚……可有一样，他是绝不谦虚的——

"十室之邑，必有忠信如丘者焉，不如丘之好学也。"十户人家的小村子里，一定有像我这样讲忠信的人，但一定不会像我这样好学。可见，在好学方面，夫子有满满的、不让于人的自信。

那么夫子是什么时候开始好学的呢？好学于他不会也是"天纵"的吧？答案是"吾十有五而志于学"。十五岁就立志学习，这句话是否说明孔子十五岁才开始认字读书？不是的。孔丘年幼时是农村穷孩子，只有在农闲时可以由村中最有文化的人教点常用字和一些国家历史及农耕知识，十五岁之后就不必再读书了。只是夫子跟其他的穷孩子不一样，他在十五岁那年决定了自己一生的命运——志于学。

又问了，夫子是如何学习的呢？他的好学指数到底有多高呢？

"学而时习之，不亦乐乎？"傅佩荣教授解释这句话时说："请问各位同学，你们读书学习了这么多年，认为学习之后时常温习是一件快乐的事情的人请举手？嗯，没有人举手，说明这句话是假的。但夫子会说谎吗？不会的。所以这里出现了理解误差，这里的'时'不是'时常'的意思，而是'适时地'，也就是'在恰当的时机温习

它，不是一件快乐的事吗？'由此可见夫子的学习之道。"

在《论语》中还有一句可以体现夫子的好学精神，"子入太庙，每事问。"夫子进入了鲁国国君的祖庙里参加祭祀大典，每一件他不懂的事情都诚心细致地向人求教。陶行知有篇《每事问》，其典出于此。他写道："人力胜天工，只在每事问。"在"子入太庙，每事问"前后还各有两句，前有"或曰：'孰谓鄹人之子知礼乎？'"后有"子闻之，曰：是礼也！"夫子是不被人理解的，甚至在好学这件事情上，也不被人理解。那些人觉得这个鄹地人的儿子怎么事事都要问呢，怎么人们还传说他知礼呢？他不懂就问正是知礼的表现啊。

夫子尝言，知之者不如好之者，好之者不如乐之者。夫子大抵是把自己划在了"好之者"之列，但谁又能称得上是"乐之者"呢？所以夫子在好学方面说他自己天下第二，谁又能当这第一！

孔子不仅是万世师表，也是万世生表。首先是好学生，才能是好老师。

孔夫子，怎一个"帅"字了得！

有一天姨妈请我们吃饭，一边吃一边教导我要好好读书，她说，孔子都说了，万般皆下品，唯有读书高啊，好好读书啊好好读书。我妈在一旁嘻嘻坏笑说，这可不是孔子说的啊，孔子没有说过这么没水平的话啊。姨妈闹了个大红脸，接着辩解说，那孔子说过书中自有黄金屋，书中自有颜如玉，书中自有千钟粟，这个一定说过吧？虽然我妈是个孔子通，但她还是照顾了姨妈的大红脸，埋头狂吃，一边含混不清地说，应该说过，应该说过，谢然小朋友，孔子怎么说不要紧，要紧的是你要听姨妈的话，好好读书，好好读书啊！

某同学看我写的"子曰天然"专栏，于是兴冲冲跑来说跟我报料，说她以前的一位老师姓孔，身形细瘦，文文弱弱，说起话来成天掉书袋不知所云，然后她挥了一下拳，作总结性的发言，"他就是孔夫子的当代真人版！"然后她又告诉我同学们给他取的外号就是孔夫子。我笑笑，掰开她那总结性的拳头，说："你那孔老师顶多是个孔乙己，怎么会是孔夫子呢？"

世人究竟对孔子有多少误会呢？孔子活着的时候，他就慨叹"莫我知也夫！"意思是"没有人了解我呀！"想想在当时孔子就感觉没有人了解他，时隔两千五百多年，世人对孔子的误解连连，也就不足不为奇了。

其实孔子是位大帅哥。

司马迁在《史记》里记录："孔子长五尺有九寸，人皆谓之'长人'而异之。"九尺六寸折合现在的标准就是一米九一，一米九一！标准的山东大汉，高大魁梧。他精通五经六艺，六艺就是礼乐射御书数。琴棋书画只是小儿科，孔子还能骑马打猎射箭舞剑，以文武双全之称当之无愧。

庄子形容孔子的外形特征是"修上而趋下"，孔丛子有言，孔子"修肱"，《论语》中说孔子快步走路的样子"趋进，翼如也"。综合起来看就是上身较长于下身，而且胳膊长，走路快时两臂摆起来就像鸟儿张开翅膀一般轻松自如。也许上长下短并不符合现代人的审美标准，但当今泳坛健将菲尔普斯也正是由于他的上长下短近于鱼形的身形成就了他的游泳天赋，孔子要是活在当下，他兴许能代表中国队与菲尔普斯一决高下也未可知呢。孔子个子高且手臂长，也正适合篮球运动员的标准，以当年孔子的文武双全，稍加训练，搞不好比姚明和易建联还能打出一片天下呢。姚明的广告说，要投就投××人寿。要是有人请孔子做广告，孔子会说什么呢？如果深圳读书月请孔子做形象代表，他会说什么呢？他会用浓浓的山东普通话说："要读就读《论语》"吗？不，不会的，孔子不是这么狭隘的人。他大概会像曹文轩教授前不久在阅读论坛上的发言那样说：读书一定要先读经典，先打好文化和思想的底子。

孔子老师，我算稍微了解您吗？

孔子老师，在我的心目中，您的每一个细胞都散发着儒雅气息，彬彬有礼，又不失狂狷气度，能文能武，您是真正的才子与猛男的完美结合。但，在您，又怎是一个"帅"字了得？！

天下第一情圣

"天下第一情圣"这个冠冕是我加在孔子他老人家头上的。其实光是凭他说过"仁者爱人"这四个字，就足以让他受之无愧。更何况，孔子对"情"字的理解，天下人无出其右。

"唯女子与小人难养也"，恐怕很多女子见不得这句话。尤有甚者，只要听到在谈论这句话就在心里唾弃千百回，在嘴上也横刀相向，壮怀激烈。其实，若有这样的反应，更是这句话表意确切的最佳明证。"唯女子与小人难养也"后面还有两句——"近之则不逊，远之则怨"。合起来，我觉得正是把女子，尤其是小女人的心态刻画得入木三分。"难养"即难以相处，靠近时她们就无礼，疏远则抱怨。站在女性的立场上，我觉得这简直就是真理，十分透彻。

如果硬要踏进"孔子歧视妇女"的论调里，那也得专门为妇女加些定语。古时候的妇女不能上学堂，足不出户，难免头发长见识短，心胸和境界都受其限。孔子也生活在古代，思想也受时代限制，他怎能料到有朝一日妇女也有公平受教育的机会，经济上也会独立？若真要把妇女和小人联系在一起，我唯一能想起来的就是鲁迅笔下的杨二嫂，《故乡》里的圆规。但这句话用来嘲讽"圆规"，大可不必补充后面的"近则不逊，远则怨"了。

孔子还有一句话，让人拍案叫绝："爱之欲其生，恶之欲其死，

既欲其生，又欲其死，是惑也。"孔子很少谈感情，不谈则已，一谈则醍醐灌顶矣。爱深恨切，这么复杂而又强烈的情感多半指男女之情吧。男女之情教人迷惑时，也就是他死了还想让他活过来，他活得好好的却想让他死掉了吧？肥皂剧不都是这么演的吗？名著也好末流小说也好不都是这么写的吗？报纸上整天的情杀新闻不大都是这个故事梗概吗？后人给这句话续了个尾，"爱之欲其生，恨之欲其死，不牵情心者，视如草芥。"还有一句类似的话，"爱则加诸膝，恶则坠诸渊"，爱着就抱在膝盖上心肝呀宝贝呀，恨了就丢进深渊里去死吧。这种种描述，都不过是把孔子的观点具象化罢了。

其实，一会儿要生，一会儿要死，作要死要生状的，实在像一个弃妇／夫对其对前夫／妇的感觉。若大胆联系一下孔子本人的生平，他是从小由母亲独自带大的，想必对这"爱生恨死"的心理是深有体会。对同一个人有两种极端感情交织为"惑"，能参到这一点，孔子正是天下第一情感评论高手。

孔子还说过一句话，"吾未见好德如好色者也"。卫灵公有个漂亮的妃子叫南子。卫灵公要见孔子，也说要重用孔子，但却和南子坐同一辆马车招摇过市，让孔子这个国际知名大学者坐另一辆马车随后跟着，给自己打广告。于是孔子不由得感慨："我未曾见过爱好德行就像爱好美色那样的人啊！"这句感慨可见孔子对人情人性的极致洞察力。

孔子是圣人，又是自古以来天下第一情感评论高手，所以我说孔子是"天下第一情圣"。

夫子自道与夫子之道

　　读书时，读到"夫子自道"这个成语。这个成语出自《论语》，本意是说别人好处，而事实上正道着了自己。

　　子曰："君子道者三，我无能焉：仁者不忧，知（智）者不惑，勇者不惧。"子贡曰："夫子自道也。"孔子某一天反省了一下自己，很是感叹，说："君子之道有三个境界，我都未能做到啊：仁德的人不忧虑，明智的人不迷惑，勇敢的人不畏惧。"子贡在旁边听了，插了这一句旁白："这正是老师您的自我描述啊！"

　　子贡爱老师之心，路人皆知。所以他的说法和孔子的自我评价有出入。子贡口才好，世人皆知，于是他及时地补上了这一句旁白，说夫子说的仁者智者勇者正是说中了他自己。子贡很了解老师，这个当然没有问题的；以孔子之不惑，他很了解自己，这恐怕也是没有问题的。那么这个说法的出入，问题出在哪里呢？我想应该是，再伟大再完美的人，在某个具体的时刻，都难免有那么一刹那会"有忧""有惑""有惧"的吧？但在孔子，他最终做到的，最终做出决定的，最终表现出来的，让他的弟子们和世人看到的，却是他的"不忧""不惑"和"不惧"——我想这句话真的是"夫子自道"，"我无能焉：仁者不忧，知者不惑，勇者不惧"是孔子很真切的感觉；子贡觉得这句话真的是"夫子之道"，他的老师孔夫子就是这样一个人，就是这

样"仁者不忧，知者不惑，勇者不惧"——我相信这无关他的口才，而是出于他非凡的判断力。

但他的大师兄子路口才就真的不怎么好，以至于那个好龙的叶公来问他的老师孔子是怎么样一个人时，他怕说错，只好紧缄其口沉默是金，以免说得不好或者说错，污了老师的英名。

他回来跟老师汇报了这个问题，子曰："女奚不曰，其为人也，发愤忘食，乐以忘忧，不知老之将至云尔。"孔子说："你为什么不这样回答呢：他这个人，发愤用功时就会忘了吃饭，内心快乐就会忘记忧愁，连自己将要衰老都不知道，如此罢了。"我觉得，这句"三忘主义"才是孔子真正的"夫子自道"。我常常一到最后一节课就忘记听课，老惦记着饭堂，却怎样飞奔的速度也跑不赢比我腿短的同学。我一天到晚常戚戚，与同学好友一起唉声叹气，忧考试，忧老师批，忧考不上好大学无颜面对江东父老，忧自己没有一个好的前途。才上高二就觉得自己"老了"，即将要上高三了，更是觉得自己已经很"元老"了……勤奋学习、快乐超脱的孔夫子，与子贡眼中的孔夫子，一样让人难以企及。

再来看看学生们对孔子老师的综合评价吧：

"子温而厉，威而不猛，恭而安。"孔子温和而严肃，威严而不刚猛，谦恭而安适。以我从师十四年（从幼儿园到高二）的经验，温和的老师往往不严肃，严肃的老师往往态度很生硬，他们离孔子有很远的距离哪；太多的人很"威"，当然就很"猛"，"威而不猛"的形象我在现实中找不到对应的形象，只能在《论语》遥想夫子风范。我知道对长辈尤其是对老师必须很恭敬，但一边恭敬就一边"无所措手足"，惴惴不安——"恭而安"，要怎么样的自信和风度才能做得呢？"温"与"厉"，"威"与"不猛"，"恭"与"安"——这三组相互矛盾而又对立的统一，就是夫子所谓的不"过"也无"不及"，恰到好处，"中和"之道吧？

谁是最忘我的人

　　做英语阅读题时，读到这样一则小短文：故事发生在印度，一个男人携着他的妻子在火车站等车，一旁一位老农民在读《罗摩传》。这个男人就奚落这个老农民装有文化，说他读的书都过了几百年了。等火车一进站，所有人都急着挤进车厢里，这个男人和老农民恰好抢到了紧挨着的位子。老农民继续读他的书，男人继续奚落老农民。突然男人大叫起来，"我的妻子呢，我把她忘在月台上了！"老农民一点都不意外，并说："如果你读读《罗摩传》，你就不会忘记你的妻子。""为什么？""罗摩会让妻子先走，自己跟在她的后面。"

　　春秋时期的鲁哀公有可能穿越时空去了趟印度看到了挤火车这一幕，回来之后他问孔子："我听说忘性大的人，搬了家就忘记了他的妻子。有这种人吗？"（"寡人闻忘之甚者，徙而忘其妻，有诸？"）

　　孔子对曰："此犹未甚者也。甚者乃忘其身。"这还不是忘性很大的，更大的忘性是忘记了他自己。

　　"愿闻其详。"

　　"从前夏桀地位尊贵为天子，拥有天下之大。但是他忘了他圣明的祖先的治国之道，破坏了典章法制，废弃了世世代代的祭祀活动，放纵地淫逸享乐，沉于酒色。谄媚能言的臣子阿谀奉承，窥测迎合君

王的心思；忠心的人闭口不言，逃避责任而不敢说话。于是天下人就杀了夏桀，而且还占有了他的国家。这才是忘性很大的事情啊！"

孔子在这里说的夏桀这类人"忘我"，当然并不是一种真正意义上的忘我，相反，正是因为时时以自身为念，贪图一己的安逸享乐，把国家大事抛到了九霄云外，才落得个为民所诛的下场。

要数真正意义的忘我，我以为当推孔子本人。他说自己"发愤忘食，乐以忘忧，不知老之将至云尔"。发愤学习就忘了吃饭，快乐起来就忘了忧愁，自己将要垂垂老矣都不自觉，这不是"忘我"的最高境界了吗？

其实这在我看来，真的还不算。孔子忘了自己的事业其实是不可为的，忘记了恢复周礼是一项不可能完成的任务，于是他一直孜孜不倦地为之，鞠躬尽瘁，死而后已。

孔子的民主与忠孝

　　《二十四孝经》里有个《郭巨埋儿》的故事，说是有个叫郭巨的孝子，对母亲极为孝顺，家境渐贫时，妻子生了一个男孩。郭巨担心养这个男孩花费太多会影响了对母亲的供养，就打算把儿子埋了。他正挖坑准备埋儿的时候，天上掉下来一袋金子。于是郭巨的儿子得以不被活埋保全了一条小命。（郭巨，字文举。家贫，有子三岁，母尝减食与之。巨谓妻曰："贫乏不能供母，子又分母之食，盍埋此子？子可再有，母不可复得。"妻不敢违。巨遂掘坑三尺余，忽见黄金一釜。金上有字云："天赐黄金，郭巨孝子，官不得夺，民不得取。"）

　　且不论这个天赐黄金的真实性，就郭巨为奉养母亲准备埋掉儿子的事情看，我觉得这个"孝"是十足的"愚孝"，十分恐怖。要是他的家境更贫困些，他不是还要把他妻子也给埋了或者给卖了？看来给孝子做儿子或做妻子都不是什么好事情，只有做孝子的母亲比较有保障。但是，把儿子教育成这种孝子，也令母亲很纠结的吧，他可以随时草菅了孙儿的性命还自认为高尚的耶……

　　鲁迅先生也写文章谈到自己读了这《郭巨埋儿》以后的感触："我最初实在替这孩子捏一把汗，待到掘出黄金一釜，这才觉得轻松。然而我已经不但自己不敢再想做孝子，并且怕我父亲去做孝子

了。家境正在坏下去，常听到父母愁柴米；祖母又老了，倘使我的父亲竟学了郭巨，那么，该埋的不正是我么？如果一丝不走样，也掘出一釜黄金来，那自然是如天之福，但是，那时我虽然年纪小，似乎也明白天下未必有这样的巧事。"

孝这个概念，在儒学中是极为重要的。儒家出了个曾子，他在"孝"上也是个标杆，还著有《孝经》。儒家也强调"忠"这种概念，是由"孝"推广出去的，即君子在家中对父母"孝"，在外面才能对君王"忠"，但在事实上，"愚忠"的人比"愚孝"的人更恐怖和荒唐，"君要臣死，臣不得不死"，真是愚蠢加可笑。

子贡曾经问孔子："儿子听从父亲的命令，则孝吗？臣下听从君王的命令，是忠吗？对此您有什么怀疑吗？"孔子一听就说："鄙哉！赐，汝不识也！"孔子说子贡"头发长，见识短"，批评子贡的浅薄无知。孔子曰："昔者明王万乘之国，有争（诤）臣七人，则主无过举。千乘之国，有争臣五人，则社稷不危也。百乘之家，有争臣三人，则禄位不替。父有争子，不陷无礼。士有争友，不行不义。故子从父母，奚讵为孝？臣从君命，奚讵为贞？夫能审其所从，之谓孝，之谓贞矣。"孔子一段话说下来，最后一句话最重要，"能明白应该服从的就服从，这才叫孝，这才叫忠贞。"

孔子提倡的忠孝观是很有民主精神的，也是具有很高的价值判断力，与后世的愚忠愚孝大不相同。可惜的是，"能审其所从"的忠孝观越到后世就越失传。都说"富不过三代"，自称为孔子的徒子徒孙们，在忠孝的问题上，也是越来越不济，越走越偏颇。

孔子很有立体感

别人向子贡问起孔子的为人时，子贡给过五个字评价："温、良、恭、俭、让。"后人就一向以为孔子只有这样的"正面"形象，从来不骂人，从来不说笑话，从来不怮声大哭，从来不呐喊或彷徨……而事实"非也，非也"，子贡所说的"温良恭俭让"只是其中一面。

固然孔子他老人家有十分"温良恭俭让"的一面。他十分守礼，守礼守了一辈子，七十岁时还做到了"从心所欲，不逾矩"。他严格遵从周礼，在东周那个早已无人守礼的朝代，别人看见国君就随便拜一次，孔子一定拜两次。

那孔子的另几面是什么呢？他说他也是普通人（"吾犹人也"），他也是性情中人，也有喜怒哀乐。他其实十分可爱。

孔子会开玩笑，他不是老端着的。有一回他带着几个学生去武城这个地方看学生子游，子游是武城宰，是地方首领，只不过武城是个小县城，孔子一进武城就听到"弦歌之声"，有人唱歌，念诗读书什么的，也就是子游在这个地方兴办礼教了。孔子莞尔一笑，说："割鸡焉用牛刀。"意思一听就知道，巴掌这么大块地方也搞礼乐教化，小题大做了吧？子游听着就说话了，"老师啊，你以前不是教导我们说'君子学道则爱人，小人学道则易使'吗？我这不就照着您说的去

做的吗？"孔子马上改口："前言戏之耳——我刚才是开玩笑的，同学们啊，子游说得对，不好意思，不好意思啊嘿嘿。"孔子出糗的这个画面实在鲜活有趣。

孔子也会发怒，大发雷霆。最有名的就是那句"朽木不可雕也"。我以前不知道这句话出自孔子，知道了之后先是一惊，接着哈哈大笑，发觉这老头子也有张嘴骂人而不是满口仁义道德的时候，后来知道他为什么把学生骂得狗血喷头时，却笑不出了。孔子为什么骂学生"朽木不可雕也"？因为"宰予昼寝"——宰予白天睡大觉。孔子说："腐朽的木头不能雕刻，粪土垒成的墙无法粉刷，我真不知道骂你什么好！"都骂人垃圾了还说不知道骂人什么好……啧啧，实在是太那什么了！

孔子也会哭，捶胸顿足地哭。他最喜欢的学生颜回死了之后，他痛哭流涕："噫！天丧予！天丧予！"老天要断绝我啊！老天要断绝我啊！一年之后跟孔子跟得最久的学生子路也死了，孔子也痛哭失声："噫！天丧予！"老天要了我的命！

孔子也会使小性子，光明正大地使小性子，有个叫孺悲的人来找孔子。门房进去通报孔子，孔子觉得这个家伙人品有问题，想着给他点颜色看看，就对门房说，你就说我病了不能见他。等孺悲一离开，孔子就立刻弹瑟唱歌，而且还唱得很大声，故意让孺悲听见：看！我孔子可没生病，就是不想见你！

孔子是有很多面，但他有一条是一以贯之的，那就是性格里的真诚，他理想中的仁。他除了温良恭俭让那一面，还有会开玩笑，破口大骂，悲痛欲绝，使小性子的一面。孔子不是一个格言贩卖者，读《论语》不等于读了一堆格言，而是了解一个鲜活可爱的立体的孔子。

第三章　光阴的故事

孔子已死，孔门弟子还活着。弟子们爱老师，弟子们怀念老师，弟子们在孔子墓前筑庐而居，把老师当作父亲一样为他守孝三年。三年之后，子贡还不忍离去，又多守了三年。弟子们深知老师的伟大天下无人能及。于是，孔子由圣徒们搀扶着走向了圣坛。

光阴的故事

孔子有句有名的光阴之叹："逝者如斯夫，不舍昼夜。"光阴的流逝怎么会分昼夜呢？昼夜的交替也是光阴的一部分，带走了那么多光阴的故事，孔子早已将自己光阴的故事话诸世人："吾十有五而志于学，三十而立，四十而不惑，五十而知天命，六十而耳顺，七十而从心所欲，不逾矩。"流水带来了光阴的故事，改变了孔子这个人。

假使一个人一生平淡无奇地活到了七十岁，后辈问他："敢问您一生有何功德能让我敬仰？"他只好说："我不是什么思想家，也不是什么艺术家，但我是个老人家。"

老人家孔子七十岁从心所欲了，是不是意味着孔子老了之后就开始为所欲为，无法无天，视仁义道德为无物了呢？非也，非也，老人家孔子可不像《射雕英雄传》里的"老顽童"那样，成天蹦蹦跳跳做一些不好不坏的事，以捉弄他人取乐，而是像一个顶级的武林高手，十八般武艺样样精通，也样样内化了，举起双拳就是流星大锤，伸出一根手指是剑是刀也可能是鞭，是六脉神剑也可能是一阳指，谁知道？孔子从心所欲，却从不逾矩。

孔子守礼，七十岁以前做任何一件事情可能都要先想好，要怎么做，哪一个环节要守什么礼，怎么做才不失礼；但七十岁以后大可不必这样，放手放脚去做就是了，礼节这些外物都已尽数内化而成为

· 37 ·

身体的一部分，举手投足间自然得规矩和得体就像自己身体的一部分。我的地理老师就说过，学习地理啊，地图很重要哦！学地理的第一个阶段就是手中有图，心中无图，图亡人亡；第二阶段就是手中有图，心中有图，图亡人亡；第三阶段是手中无图，心中有图，人在图在……前两个阶段还可以如法炮制，或者执果索因，但到了第三个阶段，"人在图在"，自然而然水到渠成地完成了由"我注六经"到"六经注我"的蜕变。

人生总是由绚烂之极而后归于平淡，这是从各式的光阴的故事里总结出来的规律，古稀之年的孔子总结了他的生命历程。有人觉得孔子在他而立之年开始频繁收徒才叫人生之高峰，因为孔子是以教书匠而闻名四海；有人认为应是他的五十岁后那几年是人生顶峰，因为那会儿孔子在平步青云，扶摇直上。但我却觉得七十从心所欲才最是了不起，就像每场暴风雨来临的前夜是静谧，就像每一个平静的海面下酝酿着的是汹涌，就像一个极静的夜晚中仿佛要听出特别的声音一样，在一个平淡无奇的不逾矩之年轮中，孔子已历尽人生之绚烂。我以为，于他而言，平淡圆融方为人生之极致。

光阴总是昼夜流转着这样的故事：紫气东来时，仿佛有那么一个不平凡的人要出现了；巨星陨落时，好像这样一个人就消逝了。但无论是红光还是紫光，流星还是巨星，该东来的总会西去，该陨落的也会再升起，河若是清的则河依旧清，海若不晏则继续不晏，孔子再怎么从心所欲，终究还是不逾矩的，就像不舍昼夜者如斯，终究逝去，奔流到海不复返。

可惜孔子到了七十三岁就"夭折"了，不然他应该有更高的人生境界。

从孔丘到孔子

古时候的伟大人物几乎都有一位生育方面有特异功能的妈妈，比如踩过巨人的脚印而怀孕了，吃了一只青鸟的蛋而怀孕了，喝了某座山的溪水而怀孕了……孔子似乎也没逃出这种规律的束缚，于是孔子的出生也有一个灵异的版本：孔子的母亲曾经去尼丘山祈祷，然后生下了孔子，孔子出生的时候头顶中间凹下，像尼丘山，这是孔子名丘，字仲尼的来由。

但我觉得孔子伟大的萌芽不源于尼丘山，更多的是源于他幼年时期就"好礼"以及"十有五而志于学"。相传孔子小时候，不像其他小孩子那样喜欢玩泥巴打打杀杀，而是喜欢跟在大人屁股后面"行礼"，大人做什么，他就跟着做什么，如何跪坐，如何起立，如何安排祭典，如何摆放碗筷，这些都是孔子跟着模仿学习的内容。而成年后的孔子，除了教书，还主持丧葬。主持丧葬并不是什么不光彩的职业，相反，能以主持丧葬为业，意味着在"礼"方面有着很高的造诣。

孔子在十五岁那年"志于学"，我以为这也是有原因的。母亲去世，孔子要找父亲的坟墓使父母合葬却找不到。因为孔子三岁时父亲就死了，家族中的人把他和母亲赶回了娘家，年幼的孔子不知道父亲的情况。后来孔子去请教当地的老人家，才知道了父亲的墓地，得以

把父母合葬。

当孔子还在为母亲守丧时，听说权臣季孙氏举办宴会宴请社会名士，于是他穿着孝衣也去了。季孙氏的家臣阳虎把孔子挡在门外，说："这里款待的是贵族子弟，不是你这种人！"孔子离开了。后来孔子靠着努力地学习广博的知识来跻身上流社会。我觉得他心里住着一只猛虎，发出过"王侯将相宁有种乎"的嘶吼。他的"志于学"使他成功了，后世的万千儒生十年寒窗苦读都不过是在走孔子走过的老路。

最近有句流行语，"你匍匐在地上仰视别人，就不要怪人家站得笔直俯视你"。年少的孔子地位低下，被阳虎等贵族阶层的人拒之门外。阳虎觉得年少穿孝衣的孔丘是匍匐者，但志于学的孔丘站起来了，靠的是自己的两条腿，一条腿叫作"德"，一条腿叫作"才"——他才是真正站立的人。他站起来后，孔丘成了孔子，时人和后世都仰视他，把他仰视成圣人，仰视成万世师表。但孔子对众生的俯视，却是真诚而悲悯的。

新加坡歌手孙燕姿沉寂了四年，四年后带着新的积淀重新出发，做一个独立音乐人，做自己喜欢的造型，设计自己喜欢的衣服，她不必迁就大众的口味，她才是引领风骚的那个掌舵人。重新出发的孙燕姿很快就拿出了无懈可击的新专辑《是时候》，32岁对于她来说，是一个不需要讨好任何人的时候。我的语文老师对她赞赏备至："不需要讨好任何人的今天是勤恳隐忍的昨天铺就的。"孔子的成就也一样靠的是他的勤恳和隐忍，还有他的童年一梦，以梦为马。

诗人蔡天新的《疑问》里有些诗句让人怦然心动，"孩子们被一个个小小的愿望驱赶／我们活在这个世界上／像一梭子弹穿过暗夜的墙。"

圣人是怎样炼成的

孔子生前不承认自己是圣人。但他去世之后，虽不在江湖，但江湖却不断有他的传说，于是他终于"被圣人"了。他的被圣人，都是弟子惹的"祸"。

春秋末期，学生们掀起了一场造圣运动。一开始是宰予、子贡和有若等几颗星火，后来这场运动一直持续到战国中期，孟子又接过了这根接力棒。孟子握着这根接力棒一路狂奔，光荣地彻底地走向了成功。此后，两千多年来孔子作为圣人乃至圣人之首的地位，几乎没有再动摇过。

且看宰予、子贡和有若是如何为造圣运动编广告词的：

宰予："以予观于夫子，贤于尧舜远矣。"即"我爱孔子，孔子爱我，对我来说尧舜算什么？！"

子贡："见其礼而知其政，闻其乐而知其德，由百世之后。等百世之王，莫之能违也。自生民以来，未有夫子也。"即"前不见古人，后不见来者，念天地之悠悠，唯孔子一人而已矣！"

有若："岂惟民哉？麒麟之与走兽，凤凰之于飞鸟，太山之于丘垤，河海之于行潦，类也。圣人之于民，亦类也。出于其类，拔乎其萃，自生民以来，未有盛于孔子也。"即"当人类的群星闪耀时，孔子是最伟大最明亮的那一颗"。

　　三个人的广告词都十分给力，也十分肉麻，其中语言科的优等生子贡在"鼓吹孔子是圣人"这个大气球的时候，是吹得最卖力的。

　　孔子还活着的时候，有人问子贡，"你的老师是圣人吧？他怎么这样多才多艺呀？"子贡相当骄傲地说："我的老师是天生的圣人，老天就让我的老师这么聪明的！"但那时孔子还活着，他否认了。

　　孔子去世后，有一股捧子贡贬孔子的潮流甚为高涨。子贡就现身说法："我怎么能比得上我的老师呢？我这座房子，院墙不高，你们都瞅得见院墙里的房子装修得不错，就觉得我还马马虎虎。我老师那座房子，院墙高入云霄你都看不见房顶，房子之大让你们连门都摸不着，你们怎么能知道我的老师的伟大之处呢？"

　　"仲尼，日月也，无得而逾焉。"

　　"夫子之不可及也，犹天之不可阶而升也。"

　　孔子去世后，子贡的地位犹如孔门之首，他树立孔子的圣人形象，把圣人的帽子加于孔子，他的声音最大最有力，凭借自身能说会道，巧舌如簧，把孔子捧到了天上。把"千古第一粉丝"之光荣称号颁给子贡，实至名归。

　　孔子已死，孔门弟子还活着。弟子们爱老师，弟子们怀念老师，弟子们在孔子墓前筑庐而居，把老师当作父亲一样为他守孝三年。三年之后，子贡还不忍离去，又多守了三年。弟子们深知老师的伟大天下无人能及。于是，孔子由圣徒们搀扶着走向了圣坛。

狗刨式生存

　　曾经看过一篇讲述孔子政治作为的文章，叫作《狗刨的姿势游向彼岸》。这个"狗刨"一语双关，一关"丧家狗"的典故，别人说孔子"惶惶然如丧家之犬"，孔子点头直说"然哉！然哉！"二关孔子在宦海中沉沉浮浮，用的是极不优雅的"狗刨式"，而不是某种意义上潇洒自在的"自由泳"。

　　应当说孔子是很想做官的，儒家积极入世也自此始，撇开孔子做官的主观愿望，孔子所代表的士人阶层的正统出路正当职业就是去做官，去吃皇粮。孔门三千弟子就是冲着跟孔子学做官去的，当然其中不乏学着学着就成了一心一意只想做君子不愿做官的人。

　　很多人都知道孔子周游列国十四年，但这只是一个美化的说法，或者是一个没有说出全部事实的说法，孔子为什么要周游列国？因为祖国鲁国待不下去了，孔子对于士大夫僭越之类的事无法忍受，"是可忍，孰不可忍？"而当时鲁国最有权力的三位大夫十分嚣张，竟然把自家封地的城墙修得比鲁国国君的家门都高，所以孔子上台后做的第一件事就是把那三座城墙推倒，史称"堕三都"。孔子是懂得从政做官的人，但他也是一心一意想做君子的人，鱼与熊掌，孔子选择的不是乌纱帽，所以他还没有"堕三都"成功就被撵出了鲁国，就开始所谓的"周游列国"了。他之所以周游了很多国家的原因，也就是很

多国家也容不下他，他只好又狗刨着游向下一个国家。

但是孔子有什么错？他为什么招致这般"礼遇"？我想到这个问题时总会联想起我们的交通路况。当莫名其妙的塞车和杂乱无章的路令我们发疯的时候，我们的心中也许是有王法的，但眼中没有了。所以当你奔驰在限速的公路上，并且公路新修，还没来得及装上监控设备，你会怎样做？你真的不会一脚把油门踩至80或100码甚至更快吗？如果你不会，但当你看到周围的车子却飞速地把你远远地甩在十万八千里之后呢？你还会遵守心中的王法吗？如若这般，恭喜你，你和孔子算是半个同道人了。孔子这辆遵守交通规则的车子在举国上下都超速的时代里，只好到其他国家去开，只是"其他"复"其他"，孔子始终没有找到一个适合他开车的"正常"社会。

卡尔维诺有篇小说，讲到一个封闭的小镇，人人都是盗贼，他们从来都是夜半上梁偷邻家米，而自家的米也同时被别人窃去，但他们一直很"和谐"，相安无事。直到有一天，来了一个诚实人住下，这个小镇就"乱了"。为了维护这个社会秩序，我能想出来的办法，只好请诚实人离开。这样"和谐"的社会容不下一个诚实的人。孔子每次离开一个国家前往另一个国家，都是以狗刨的姿态，挣扎着不肯把污水往腹中吞，却又为此尝了更多的苦水。他深深地希望下一个彼岸是属于他的岸，但他永远只能不停地这样希望着，狗刨着，狗刨着，希望着。

谁是孔夫子的夫子

　　题目里第二个"夫子"，是老师的意思，这个题目的意思是"谁是孔夫子的老师"。

　　在孔子还年轻的时候，他的学问之广博就名满天下。有个人私下问孔子的学生子贡，"你们老师那么厉害，为什么他有那样一身本事啊！"（夫子圣者与？何其多能也？）子贡神气地回答说："我的老师天生聪明，当然厉害！"（"固天纵之将圣，又多能也！"）事实上孔子是否认这一点的，他认为圣人才是天生聪明的人，不用学习的人，但他自己却是要学习的，低一等。

　　那谁是孔夫子的夫子？竟能把孔子教导得这般前无古人，后无来者？其实孔子的老师有很多。

　　孔子有一位遥远的老师。这个遥远是时空上的遥远，但孔子经常梦见他，在梦中向他求教，在梦中效仿他。这个老师就是周公了。周公也可以说是孔子的偶像，孔子很"粉"他。但孔子的"粉"不是盲目崇拜，不像多年前杨丽娟粉刘德华就想着要嫁给他最后落得个家破人亡，也不像今年春节前澳网中李娜的粉丝们那样在比赛中胡乱地加油干扰比赛秩序；学生孔丘是怎样崇拜他的偶像呢——"见贤思齐"，学习他，向他看齐。

　　孔子曾向师襄学习音乐。孔子对同一首曲子反复练习，演奏到

了老师非常满意了，他自己还不满意；等到他自己满意的时候，老师就对他"惊为天人"，向他这个做学生的拜了两拜。这就是教学相长吧，也是真正的格物致知吧。学习学到老师都万分敬佩的境界，所以我觉得孔子不仅是"万世师表"，更是"万世生表"。他是后世所有学生的表率。要做天下第一的老师表率，首先必须是天下第一的学生表率。

有传说孔子曾向老子求教。老子云游四方，行踪不定，好不容易打听到他到哪里歇脚，孔子就立即去求教。老子也不含糊，教他"上善若水"的道理，"天下莫柔弱于水""弱之胜强，柔之胜刚"。孔子顿时明白了老子是在教他"与世无争"的道理。据说孔子后来对这一次见面念念不忘，回味悠长。

唐朝韩愈的《师说》里也有云，"圣人无常师"；厦门大学易中天教授在这个基础上又反推回去，"学无常师，是为大师"。学无常师，才能像一个从华山绝顶下来的高手，纵横武林，独孤求败。

《倚天屠龙记》里讲到张无忌最初是化名曾阿牛发迹的。江湖上各大门派围剿光明顶，曾阿牛前去解救，别人看他在车轮战后仍能挡住灭绝师太三掌，就连忙问他是哪一门哪一派名师的高徒。曾阿牛朗声答曰："我没有老师！"老师都是书啊，是武功秘籍啊，曾阿牛也是学无常师，自学成才。问话的人骂道"胡诌"！这些狭隘的凡夫俗子哪里知道学无常师的道理呢。其实孔夫子的夫子也是书吧，念书念到不懂之处，就反复推究参悟，听说哪里有高人就立刻赶去求教。孔子就像从华山绝顶翩然下山的高手，一出手为天下惊。

天不生仲尼，万古如长夜。天既生仲尼，万世生表也。

孔子万岁万万岁

长寿是人生一个重要的话题，渴望长寿也是人之常情。但对长寿的追求，尤以历代君王为甚。秦始皇不就是一个追求长寿至死的人吗？还有，那么多演古代宫廷故事的电视连续剧，听得最多的一句台词就是"吾王万岁万万岁"，不光如此，除却希望自己长寿，还希望自家帝业可以千秋万代，希望天下河山从此跟了自己的姓。

鲁哀公就问孔子这个问题："智者寿乎？仁者寿乎？"孔子的答案是"然！"语气十分强烈，孔子是想说，智者和仁者不长寿，谁能长寿呢？孔子还说，人有三种非正常死亡，一种是生活起居无规律而百病丛生，一种是以下犯上以身试法，那么刑罚就会让他早死，最后一种是以自己这个"卵"击其他的"石"，不量力而妄行，愤怒而无理，这种人会在祸乱中丧命。"此三者，死非命也，人自取之。""若夫智士仁人，将身有节，动静以义，喜怒以时，无害其性，虽得寿焉，不亦宜乎？"像那些智士仁人，役使自己有自己的原则，动静合乎行为规范，该高兴时高兴，该愤怒时愤怒，不戕害自己的天性。如此他们能长寿，不也是应该的吗？（《孔子家语·五仪解》）

鲁哀公这个君主，从他的提问可以看出，他问的是"智者、仁者能长寿吗"，这一点已比秦始皇一味炼丹求仙以求长生不老的幼稚行为要强得多。但鲁哀公这个问题的着眼点只在"寿"而非"智"和

"仁"，这样的境界比智者和仁者又低了许多。这也难怪鲁哀公谥号为"哀"，史称鲁哀公，而不是鲁"智"公或者鲁"仁"公了。

同为帝王，相传黄帝就统治了三百年。孔子的学生宰予也问了，"黄帝到底是人不是？他的统治时间怎么可能有三百年呢？"孔子回答说："我略略听过这种说法，黄帝少年时就聪敏伶俐，成年后愈加智慧，他懂得五行之气，设置了五种量器，游历了各国，安抚民众，打败了炎帝，从此天下人穿着同样的衣服，社会更有秩序，天下事太平。他统治的人民，既明白朝晖夕阳之道，又通晓生死存亡之理，他不违农时，仁德遍及了鸟兽昆虫。""民赖其利，百年而死；民畏其神，百年而亡；民用其教，百年而移。故曰黄帝三百年。"他活着的时候，人民受他恩惠利益一百年；他死了之后，人民敬畏他的神威一百年；之后，人民还运用他的教化一百年。所以说黄帝三百年。

且不论孔子对黄帝的功德是否有夸大的成分，至少有一点可以确定的，肉身湮灭后，其精神生生不息，流芳百世——犹如戈壁上的胡杨，活着千年不死，死了千年不倒，倒了千年不朽。在这种境界里，死与不死，都不是什么重要的事情，活着，死去，寿在其中矣。

当然，对于普通人来说，对于长寿还是有着执着的渴望的。至少追求看起来没有老相，没有沧桑感，总是千方百计地显得嫩相一点，看起来比实际年龄年轻一些。这其中的标杆式人物，国内的刘晓庆算一个，美国的麦当娜算一个。没有皱纹的祖母是可怕的，一味追求年轻的容貌，为的是什么？一张皮？一张看似完美的皮囊？东周的司马桓魋为自己设计棺材的花纹，三年都没有完成。孔子听说了，便说："若是其靡也，死不如速朽之愈也。"如果像这样奢侈，死了还不如快点腐朽。孔子是骂他不如早点死算了。

古人说，死而不亡者为寿。在人世间活得时间再长，没有好的精神及其产品留于世间，活得再长也是白驹过隙。我们还有很熟悉的诗句，有的人死了，但他还活着。我认为，这才是长寿。像孔子，万世师表，真是万岁，万万岁。

儒学这块酥饼，曾经掉渣儿

　　讲一个滥得掉渣的故事，一个老人躺在病榻上正值弥留之际，他知道自己死后儿子们就要分家，于是他想了一个办法。他叫他的大儿子去拿了十根筷子，让他一根一根地折成两段，大儿子照做了。然后又让他的二儿子去拿十根筷子，让他十根筷子合在一起一次把它们折成两段，二儿子使劲折也折不断。于是几个儿子恍然大悟。那老人就死得瞑目了。

　　再讲一个老得掉渣的故事。很久很久以前，有一个叫混沌的神，没有眼睛，没有耳朵，没有鼻子，没有嘴巴，也就是没有所谓的七窍。有两个神觉得混沌很可怜，别人都有七窍，混沌却没有，于是就为混沌凿开七窍，也就是整容了，把无脸人整成有脸人，一天凿一窍，凿到第七天，七窍皆备的时候，混沌却死了。

　　孔子死了，儒家一分为八，当时的其他学派都在嘲笑孔门，孔子死则其思想如若鸟兽散。的确，儒家一分为八，有子思之儒，子张之儒，颜氏之儒，孟氏之儒，漆雕氏之儒，仲良氏之儒，孙氏之儒，乐正氏之儒。像一条大河分出八条小溪一般，儒学今非昔比，内忧外患，多事之秋。而当时真正挑大梁的人，大抵是曾子。只是曾子也有其局限，曾子并不聪明，没有什么悟性，而且对"孝"道以外的东西似乎也不大感兴趣，所以曾子的思想和言论也未超过孔子。不过曾子

的学生倒是对编纂《论语》出了挺大力气的。孔子的孙子子思就师从曾子，而子思的门下就出了一个叫孟轲的人。

每个人最早在母体中生存的时候，都是受精卵，都只是一个细胞，慢慢分裂，分化，才由一生二，二生四……直至形成一个婴儿。但是就一个细胞来说，最开始只有分裂和分化的功能，没有方向性，但它具有发育成一个完整个体的潜能。但已高度分化后的细胞，从全能变成多能，又从多能变成专能。诚然，术业有专攻，但谁又能告诉我孔子专攻哪一门？时至今日，若孔子像我一样亦是一个高二学生，你猜他是一个文科生还是理科？高中的教育制度是什么时候开始分了文理？又是什么时候再也没有第二个杨振宁，第二个钱学森？有些东西也许是分不得的，就像混沌不可开窍。

你看儒家一分为八，孔子孟子荀子再到后来的儒"术"，"理"学，"心"学，一个个学说高度分化，成了剑走偏锋，就像《笑傲江湖》中的华山派分成"剑宗"和"气宗"，为什么要分"剑"和"气"呢？因为人心不古，每个人都急功近利，出不来一个内外兼修，"剑""气"皆备的大师，不然岳不群也不必去练《葵花宝典》了吧。

最后来唱一首经典到掉渣的歌，黄家驹的《光辉岁月》，粤语版的歌词：缤纷色彩闪出的美丽，是因为它没有分开每种色彩。

有些东西是分不得的，就像那些烤得火候正好的酥饼，色香味俱全，但千万不能分，一分就渣渣儿掉了满地。

第四章　圣人可能很家常

公元前497年，阳春三月，鲁国刚刚结束祭祀大典，国君按例把祭肉分送到各士大夫家，独独没有送给孔子。第二天，孔子就动身离开了祖国鲁国，周游列国，惶惶然如丧家之犬，一走十四年。这可谓是一块肉引发的一场离家出走。

穷人的孩子早当家

　　"吾少也贱，故多能鄙事"，这是孔子用来描述自己的话，他说自己是穷人的孩子早当家。

　　说孔子是穷人的孩子早当家一点也不为过，孔子的父亲叔梁纥娶了三房太太，第一房生了九个女儿，第二房生了个儿子叫孟皮。孟皮腿脚有毛病，是个残疾人。于是孔子父亲又娶了颜征在，这才生下了孔子。但此时叔梁纥已经七十岁了，孔子才三岁，他就去世了。叔梁纥一去世，本应该由孔子继承遗产，但家里人却把孔子和母亲赶回了娘家。年幼的孔子由妈妈一人抚养长大，到他十七岁的时候，妈妈也去世了。孔子想把母亲与父亲合葬，还要去请教乡里的长辈才知道父亲的坟墓在哪里。少年仲尼的生活，不是一般的凄凉。

　　少年仲尼为了帮补家中生计，做过许多脏活粗活。"少也贱"，没办法。仲尼成年后曾担任仓库管理员，管理过小牧场。他当仓库管理员时出纳钱粮的每一笔账都算得清清楚楚。他管理小牧场时，小牧场在他手里很快就经营成大牧场。虽然这都是低级职务，但他就是以此养活了自己和母亲。这也印证了"一屋不扫，何以扫天下"的道理，修身、齐家、治国、平天下。现在经常听到一种说法，说某种人"大事做不来，小事又不愿意做"，这种人真应该去了解一下孔子的少年遭遇和成名经历。孔子十五就有志于学，修身的功夫练得特别到

位，所以到了三十、四十、五十才能在学问上平步青云而扶摇直上，当国君起用他时马上就能把自己所担任的"中都宰"和"大司寇"做得尽善尽美，短短时间鲁国大治。

不仅如此，孔子弟子也个个是栋梁之才，他们中有当权臣季氏的幕僚的，也有官拜大将军的，有当国家外交官的，有当大将军吴起的老师的，等等，诸如此者位极人臣，他们都以孔子为中心，向周围辐射开去，每一个学生都像是孔子的侧影；但更多的孔门弟子是跟随孔子的志向，学而不厌，诲人不倦，不轻易出仕，一生安贫乐道。如果说孔门是一个家的话，孔子是其中的大当家，他的影响力由他的每一代弟子扩散开去，至今还在影响着我们。

穷人家出身的孔子十五有志于学，也就是说，严格意义上他的系统学习是从十五岁算起的。现在的学生都六七岁入学，但却一直出不了孔子。我认为其中一个关键在于"志"。穷人家的孩子又如何，条件不够优越又如何，只要有志于学，外界条件不能奈何。孔子有志于学，有志于道，有志于天下。他以天下为己任，以天下为"家"，于是创儒学，大开孔门招揽与他一样有志的穷家子弟，求学，求道，修己以安人。这个当年的穷孩子当的"家"，有天下之大。

圣人老师怎样骂学生

仆人眼里无伟人，因为距离太近产生不了美。孔子的弟子们怎么看孔子怎么像圣人，因为他们不了解孔子。而外人怎么看孔门弟子都觉得他们是乱世之能臣，是因为不了解他们。而孔子太了解他的弟子们了，怎么看他们都是一身臭毛病。所以时不时得骂骂他们。

在一般人眼里妙语连珠又飞黄腾达的子贡也被孔子训过话。子贡"爱方人"，"方"就是比较的意思。子贡很聪明，但也犯聪明人的毛病，就是爱耍小聪明，爱跟这个与那个比，拿这个人与那个人比。孔子就把他拎过来，训他："你这样也算贤能吗？要是我就没有你那么有空！"孔子翻了他一个白眼。

孔子也曾阴阳怪气地骂子路是小人。在孔子率弟子周游列国时，在陈这个地方一度断粮，很多人都饿出病来了。子路不高兴，黑着脸"愠见"孔子，口气像质问："君子也有像我们这样穷困潦倒的吗？"孔子白了他一眼，朗声道："君子固穷，小人穷斯滥矣！"这里孔子是变相骂子路是小人，一挨饿就什么话都敢说。子路很不好意思，讪讪地站着手脚都没处放。

孔子也有赤裸裸地骂学生是小人的时候，这个倒霉的学生是谁呢？这个学生叫樊须，也就是那个三次问仁的樊迟。樊迟去向孔子求教怎么种庄稼和种菜园。孔子没好气地回答说："种庄稼么，我不如

老农夫，你不要来问我；种菜园么，我不如老菜农，你也不要来问我。"樊迟听老师什么都不愿意教，怏怏走了。他一走，孔子就对着学生骂着："小人哉，樊须也！"我觉得孔子这样批评樊迟是有道理的，首先他们身份是士人，是知识分子，该做的事情就是学好仁义礼智信，做官就需要这些，"夫如是，则四方之民襁负其子而至矣，焉用稼？"孔子认为弟子们应该学的是大本事，而不是学农夫和菜农的本领。说实在的，找孔子学务农种菜，真没有找对人哪。

不过孔子虽然直接骂樊迟是小人，但还不算当面破口大骂。有多少人听到"朽木不可雕也"这句骂人话？又有多少人知道这话正出于孔子之口？要是学校发下调查问卷，问到"老师有否变相挖苦、嘲讽学生"时，孔子就惨了。

到底是谁干了件什么严重的事情让孔子如此恼火以至于这样劈头盖脸地臭骂呢？是宰予，言语科第一名的高才生宰予。"宰予昼寝"，宰予大白天还在睡觉。孔子骂："朽木不可雕也，粪土之墙不可圬也！于予与何诛！"——"腐朽的木头无法雕刻成材，用粪土垒成的墙无法粉刷！你叫我骂你什么好呢！"——可怜的宰予，都被骂成朽木和粪土了，还让老师说不知道用什么词来骂他才好……接下来骂得才是更入骨的："始吾于人也，听其言而信其行；今吾于人也，听其言而观其行。于予与改是！"孔子说他对宰予的看法要彻底改变，以前是听他说什么就信什么，现在呢听他说了什么之后要看他怎么做！宰予的挨骂事迹告诉我们，做学生嘛，早上要起得了床，晚上要下得了线，不然你就是朽木，就是粪土。

话虽如此，可是我个人觉得孔子骂冉有才是最严重的。冉有当季氏管家的时候，季氏的财富都超过鲁君了，冉有还想办法替他敛财。子曰："非吾徒也！小子鸣鼓而攻之，可也。"孔子说冉有这个人不再是我的学生了，也不是你们的同道了，同学们啊你们可以敲着大鼓去公开批判他。孔子这样骂冉有，这样来鼓励其他学生公开反对冉有，可见他原来在骂其他学生时是留有多大余地的，也知道了什么行为才是孔子最深恶痛绝的。

　　孔子骂学生不留情面，但所有被他骂过的学生都一直一直地追随他。读《论语》真觉得好玩，圣人也骂学生，而且骂得真有圣人水平。

答案是因人而异的

在今天看来，孔子当年的办学属于民办私立，但孔子一人既是老师又是校长，也不见得分什么大中小班，只是大致上分了学科，但孔子就能"一对很多"地进行因材施教，相比起现在学校的教学模式，批发式，填鸭式，标准答案式，实在是好太多了。

有一回，冉有去请教孔子："老师，听到一件事情就要立刻去做吗？"

孔子立即答曰："当然啦！不然你还等什么呢？"

过了一会儿，子路也进来请教孔子："老师，听到一件事情就要立刻去做？"

孔子立即答曰："你的父兄都在，你可以先去征求一下他们的意见嘛。"

在教室里做笔记的学生就蒙了，一样的问题，夫子一前一后的答案完全相反，笔记该怎么记啊？其实这就是"因材施教"了。什么样的性格，什么样的思维方式，决定了老师给的答案是不一样的。于是学生向孔子求解。子曰："求也退，故进之；由也兼人，故退之。""求"是冉有，"由"是子路。冉有的性格内向怯懦，小心得有些过头了；子路的个性太直，容易冲动。所以应该鼓励冉有勇于行动而教会子路听取多方意见，三思而后行。

在《论语》里，记载了不同的学生八次向孔子请教什么是"仁"，孔子给出了八个不同的答案。其中有一个叫樊迟的弟子就问了三次。要是考试考到了，考生大概会答"仁者爱人"，殊不知这只是樊迟问仁的其中一个答案，只不过因为"仁者爱人"这四个字短小精悍而意思普世，于是流传甚广，并且被编进了教科书里。还有其他很多的答案，仲弓问仁，答案是"己所不欲，勿施于人"；颜渊问仁，则是"克己复礼为仁"；子张问仁，则是"恭、宽、信、敏、惠"。拿子张来说，孔子评价过他"师也辟"，"师"就是子张，"辟"就是有点孤僻和偏激，所以在《论语》里记载着孔子给子张的回答都是教他为人处世的道理的，"恭则不侮，宽则得众，信则人任焉，敏则有功，惠则足以使人"。意思是庄重就不会招来侮辱，宽大就能得到众人支持，诚实就会受到任用，勤快就会产生功效，施惠就能够领导别人。

孔子说"由也果，赐也达"，"由"是子路，"赐"是子贡。"果"就是果决，但子路也"喭"，就是鲁莽；而"达"是通达，子贡的外交口才很好，但这很容易迷失原则。所以当子路和子贡都来问孔子"何如斯可谓之士"时，孔子也给出了不同的答案。"切切偲偲，怡怡如也，可谓士矣。"子路脾气不好，动不动就要跟人"拔刀相见"，孔子就教他"互相切磋勉励，彼此和睦共处"就是"士"。子贡问同样的问题，孔子回答"行己有耻，使于四方，不辱君命，可谓士矣"。就是要知廉耻，知荣辱。孔子对弟子们的秉性、脾气都十分了解，所以时常能敲打他们，真真正正地"因材施教"。

而现在的学生是不会问老师这些问题的：什么是"仁"？如何为"士"？"闻斯行诸？"即便问，老师能答的，一定也是千篇一律的标准答案，参考书上也会有，百度谷歌上也应该有。当然，现在的学生，也当然包括我在内的，真的很想知道这些问题对于我自己来说的独特的答案。但没有人能给我这样的回答，我只能去请教两千五百多

年前的孔老夫子。夫子长逝，我只能从他因材施教的教学方法来推敲
他可能给我的答案。

问题学生孔丘

上课的时候，老师大都鼓励学生提问题。因为提问题，就包含了一系列的思维活动在进行，发现问题，思考问题，还能锻炼学生的表达能力，等等。提问题的学生一般都能得到老师的青睐。我们同学之间，戏称这种人为"问题学生"。

孔子也是一个"问题学生"。但这个"问题学生"在当时的人眼里，除了爱提问之外，还认为他不懂礼。"子入太庙，每事问。或曰：孰谓鄹人之子知礼乎？入太庙，每事问！"孔子到了鲁国祭祀周公的太庙，看到每件不明白的事情都要仔细地请教别人。有人就揶揄说，谁说的这个鄹地来的家伙懂礼呢？他来到太庙，每件事情都要问问问，问个没完没了！孔子听到传闻，只淡淡地说："是礼也。"这是合乎礼的事情。

孔子当然不是不懂礼，他到祭祀周公的太庙里，每件事情都向别人请教，从中可见孔子的品性，他这是在表示对周礼浓厚的兴趣和对周公的恭敬，虚心向人求教，对事情有追根溯源的精神。他在教导他的学生子路时不也说过"知之为知之，不知为不知，是知也"吗？遇事不懂就问，甚至可以做到不耻下问，这种态度远远超过那些自以为是不懂装懂的人。

孔子曾经用"不耻下问"来赞扬卫国大夫孔文子孔圉。孔圉是聪

敏好学之人，更为难得的是他还是个谦虚的人。子贡问孔子："孔文子何以谓之'文'也？"孔文子为什么能得到"文"的谥号呢？得到这种谥号是极高的赞誉，宋朝的著名文学家欧阳修得到的谥号是"文忠"。孔子说，"敏而好学，不耻下问，是以谓之'文'也"。

与孔子差不多同时期的苏格拉底也是个"问题多多"的人，他终生从事教育工作，具有丰富的教育实践经验，形成了自己独有的一套教学方法，叫作"苏格拉底方法"，自始至终以师生问答的形式进行教学，由此不断地引发学生的思考。他好比一个稳婆，把思维的智慧从学生的头脑中自自然然地引导出来。

屈原的《天问》，更是问出个"千古万古至奇"。何谓"天问"？王逸《楚辞章句》说："何不言问天？天尊不可问，故曰'天问'。"然而我却愿意比较诗意地去理解，"天"更像是一个形容词，以衬这个"问"的恢宏。

向现在的问题学生致敬！向两千五百多年前的问题学生敬礼！

圣人VS丧家狗

孟子是圣人，却是"亚圣"，为什么呢，地球人都知道，因为孔子是圣人第一名。但是，一般人可能不知道，孔夫子却从来不承认自己是圣人。他觉得自己不够格，"若圣与仁，则吾岂敢！"但是后人一定要给他戴上圣人这顶帽子。孔子若泉下有知，一定又哀叹："甚矣，吾衰也久矣！吾不复梦见周公"了。

孔子是真诚的人，他真心实意地认为自己不是圣人。他是主张阶级制的，天子、诸侯、大夫、士是上等阶层，而圣人是贵族阶层的顶点，如尧、舜、周公才是孔子眼中不折不扣的圣人，孔子是他们的粉丝。所以就身份地位来说，孔子不可能承认自己是圣人；如果他承认了，就等于他自己没有遵守他所推崇的等级礼仪，自己带头礼坏乐崩，这是孔子绝对不会做的。其次孔子不可能承认自己是圣人，他自卑。孔子的祖上是很贵很贵的贵族，但到了孔子这一代，已是真正的穷苦孩子了。他三岁丧父，母亲独自抚养他成人，"吾少也贱，故多能鄙事。"别人质疑他的多才多艺时，他如是说。意思是我幼年卑贱，所以会做很多下贱活儿，穷人的孩子早当家。这个成长经历在当时是很不光彩的，可贵的是，孔子从来不否认这一点。

孔子对于别人给他的称呼，他承认的倒有一个，不怎么好听的一个：丧家犬。

几年前，李零教授出版了他的《丧家狗——我读〈论语〉》，招来一片骂声。其实那些急于开骂的人，不妨先去读读此书，或者先读读《论语》，或者先读读《史记·仲尼弟子列传》，就会发现自己是多么可笑了。对于"丧家犬"一词的调侃性称呼，孔子是绝对笑纳的。这并不是李零教授的发明创造哗众取宠。

公元前492年，孔子六十岁。这年孔子在前往郑国的路上，和他的一众弟子走散了。他独自在郭城的东门外等着弟子来找他。子贡到处问人你有没有看见我的孔老师啊你有没有看见我的孔老师啊。一个郑国人打酱油路过，告诉子贡说："东门外站着一个人，脑门长得像尧，脖子像皋陶，肩膀像子产，腰部以下比禹短了三寸。上半身有点圣人的样子，下半身像丧家犬，垂头丧气。这是你的孔老师吧？"子贡一听脚不沾地一边飞奔一边回答说就是啊就是啊，我的孔子老师就是这样子的啊，跑到东门，果然找到了孔子。孔子一看子贡来了，很激动，说子贡你真厉害啊，这么快就找到我了。子贡实话相告说不是我厉害，是人家告诉我东门外有您这么个长相的如丧家之犬一般站这儿呢。孔子一听，沉吟了一下，"'丧家犬'啊，嗯……很对！很对！"

孔子一生落魄，坚守自己的理想郁郁不得志。"任何怀抱理想，在现实世界找不到精神家园的人，都是丧家狗。"李零先生如是说。我同意李零先生的观点，同时赞叹孔子的气度和情怀。

孔子不是圣，只是人。他有高贵的血统，却仍旧出身贫贱，但他以古代贵族、真君子的标准来要求自己，立志追随古代圣贤。他学而不厌诲人不倦，为贫贱而又渴望跻身上流社会的学生做跳板，教他们如何做君子以修身齐家治国平天下，是当之无愧被奉为"万世师表"的史上最伟大的教书匠。他周游列国，推行自己的政治主张，渴望恢复西周的君子国，以期天下太平。但在他自己看来，修身齐家治国平天下，他只完成了"修身"第一步，他打死也不会承认自己是圣人的。

他彷徨，他无奈，"如丧家之犬"。在现实世界中，他觉得没有人了解他。

但他后来还是"被圣人"了。

其实，孔子是我心目中的圣人。但是，我尊重他老人家的真正想法。

孔子坚决不谦虚

谦虚一直都被当作一项很好的品性，所以素有"谦谦君子"一说，那么"大圣人"孔子自然也是谦虚的了？不然，至少我认为孔子是不谦虚的。有句话说谦虚和骄傲都偏离了事实，都不真实；孔子取了个中庸之道，真实。

孔子曾经说"若圣与仁，则吾岂敢"，孔子说他不是圣人，因为他还不够他所认为圣人的条件：一是天纵聪明，二是有权有位。什么是天纵聪明？就是天才，不用学习就洞明一切，但孔子是需要学习的，他自称"好学"。有权有位这一点，孔子虽然曾经位极人臣，但他从政做官的时间占他全部生命的时间很短。所以他认为自己算不上是圣人。"尧舜其犹病诸！"孔子认为尧舜也感到力量有限，自己又哪里比得上尧舜？孔子还说自己不是仁人，那什么又是仁人？"己欲立而立人，己欲达而达人"的人算仁人，孔子认为自己不能做到，所以认为自己不是仁人，这也不是谦虚。

那孔子是个骄傲的主吧？学校老师看一个学生不是太谦虚，就耳提面命"不要骄傲！"既然不谦虚，骄傲就很容易滋生喽。孔子不是曾口出狂言吗？孔子路过宋国，他在路边的大树下给弟子们讲学。宋国的将军桓魋听说孔子来了，两眼冒火光——因为孔子曾批评过他，他就想杀掉孔子——桓魋就差人去追捕孔子，还把讲学的那株大树砍倒了——这个时候孔子就十分"嚣张"了，"我这一身的德行都天给的，你桓魋能奈我什么何？"我孔子虽然不是天纵聪明，但也是天纵德行，人品爆发——生命受到威胁，孔子却是这么"骄傲"！非骄傲也，孔子信天命也！

还有一次，孔子也是差点丧命。他路过匡地，被一群带刀的匡地群众围困，因为匡地群众认错了人，把他认作是匡地的仇人阳虎。孔子说："周文王死了之后，文化传统不都在我这里吗？天如果要废弃这种文化，后代的人就没有机会学习了。天如果不要废弃这种文化，那么匡人能对我怎么样！"除了孔子，还有谁敢说出这种话！杀他一人则周朝文化就被斩草除根？但这是骄傲吗？当时礼坏乐崩，只有儒家为天下苍生奔走呼告恢复周礼，孔子正是周礼的捍卫者。孔子说的不是大实话吗？

孔子承认的东西不多，但很多人认为有辱圣人光辉形象的"丧家狗"的称号却是他承认的，还说人家形容得很形象。其实里面有很多幽默的成分，不幽默的人也许不足与议。孔子又认为自己好学程度一般人不能比，"十室之邑，必有忠信如丘者焉，不如丘之好学也"——"十户人家里应该有一个像我这样做事尽职尽责又讲信用（忠信）的人，只是不会像我这样好学罢了"。

成年人多讲究谦虚，认为谦虚就是有教养，懂礼貌。自己谦虚了还不算，还教导孩子从小学着谦虚，把谦虚这项技术活越练越炉火纯青——这就是把孩子"社会化""同化""同其尘"了吧？真是极度虚伪。现代人社会生活节奏加快，没人有时间等你慢条斯理地玩谦虚了，要求人们什么都要快快快，有什么看家本领就赶紧亮出来，就有人跳出来说人心不古啦浮躁啦，等等。你看看人家古人孔子，不是圣人、仁人就坚决不承认，是天纵德行，周礼唯一继承者，好学就坚决不藏着。这不才是"古人之心"么？唉，都学着点儿吧。

孔子神马才是浮云

近来的时髦话里，有一句人人都在说，来显示自己很潇洒：神马都是浮云。

其实早在两千五百多年前的孔子，就有他的"浮云"论，"不义而富且贵，于我如浮云。"不道义得来的荣华富贵，就是浮云，自来自去，孔子不把它放在眼里。其实这里的"富且贵"，基本就等同于"利"这个概念了，可见在利义相争的问题上，孔子也是秉持着"一边倒"的政策。

但是，请不要忘了孔子出此语的前提，是"不义"之利才是浮云，这说明符合道义的钱财，孔子不会不接受的。"富而可求也，虽执鞭之士，吾亦为之。"财富如果可以求得，即使是在菜市场担任一个小保安我也会去做。可见孔子的态度是可以赚的钱还是要去争取的，只要手段正当，就算是当个"执鞭之士"谋生发财也是可以的。鲁迅不也是一听到发工资的消息，就快步如飞地去排队领取吗？鲁迅此举为很多"视金钱如粪土"的"义士"们所诟病，说鲁迅其实是爱财的小人。这实在是牵强附会。领自己应得的劳动报酬就算是小人？那光天化日之下，小人满地走呀！

孔子的这句话还有下半句，"富而可求也，虽执鞭之士，吾亦为之"——"如不可求，从吾所好"。如果是不可求的富与贵，那还是追求我的喜好吧。"从吾所好"，那么孔子的喜好是什么？这个问题的答案早已不言而喻。

孟子见梁惠王的时候，梁惠王问他说："老先生不远千里而来，对我的国家有什么益处吗？"（叟不远千里而来，亦将有以利吾国乎？）孟子说："王，何必曰利？亦有仁义而已矣。"孟子在此将"仁义"代替了"利"这个字眼，但是某个意义上说，"仁义"就是最大的"利"。孟子是个聪明人，聪明的人获得的是"双赢"，"义利"双收之外，又来个流芳百世。愚昧的人就像一块不好运的磨刀石，受"义利"这把双刃剑不断掣肘，最终落得个遗臭万年的下场，比如明朝奸臣严嵩。

《世说新语》里也记载着一个"聪明人"的故事。晋朝大官僚王夷甫位高权重，他老婆极其贪婪，狂搜暴敛，家中财货堆积如山。据说王夷甫管不住老婆，只得退而玩一个"口不言钱"的小把戏，以示清高和对贪婪的鄙夷。如此一来，他既如愿博取了清高之名，又毫不含糊地分享了老婆的辉煌战果——鲁迅其时也地位不低，为什么他不让他太太或仆人代他领工资呢？光明的人自光明，虚伪的人自虚伪罢了。

印度的奥修说，"不要抛弃金钱，要抛弃一直想钱的头脑。"

孔子的浮云，大抵就是这"想钱的头脑"了。

一块肉引发的离家出走

曹刿说："肉食者鄙，未能远谋。"古时用"肉食者"代指做官的人，因为做官的人或者"上等人"才有肉吃，平民百姓不是经常能吃上肉的。作为教书匠的孔子，问孔子喜不喜欢吃肉这样的问题，答案自是不言而喻的。但是孔子与一般平民百姓的境界大大不同。"子闻《韶》，三月不知肉味"，孔子听过了《韶》乐，很久不知道肉是什么味道，看来，此肉食者非"鄙"肉食者。

有学者说孔子开私塾的时候，是不收学费的，要收只收肉干，每个学生进孔门时交肉干当作学费，也许孔子特别喜欢吃肉干也不一定。当然现在的肉干跟当时的肉干是没法比的，现在超市里的一条条肉干只能算肉片，而且是饲料饲养出来的动物肉，吃着跟塑料似的。当时的肉干也许是一大捆，而且天然美味，绝对不含瘦肉精三聚氰胺什么什么的有毒物质和添加剂。

但是孔子爱吃肉归爱吃肉，对肉还是很挑剔的，"食不厌精，脍不厌细"，颜色不好的不吃，味道不好的不吃，煮得不好的不吃，不是当季的不吃，切不正的不吃，没有适合的蘸酱不吃……我在读《论语》时，觉得孔子对这肉还真是百般刁难哪！孟子说君子远庖厨，但若孔子也远庖厨的话，厨子还能知道孔子对这肉有这么多规矩吗？我叹道，啧啧，孔家的厨子也很难当的啊！我妈斜睨了我一眼："你以为你不是这样挑食的吗？人家孔子这样是为了防止病从口入，颜色不好味道不对就是肉质变了，肉质变了还吃的话会生病！肉切得不正，人上了岁数牙不好就咬不动，浪费了肉还搞坏了牙和肠胃……古时医疗水平多低啊！你呢？你就是纯挑三拣四！"我妈本来正逆着牛肉的纹路来切切切，吼我时就忘了切牛肉，挥舞着菜刀向我演讲，一副壮怀激烈的样子。我吓得赶紧君子远庖厨，逃为上策。

孔子对肉也很重视。大坏蛋阳虎想请他出山做官时，就送他一只烤乳猪。这是一只烫手山芋，让孔子很是为难了一阵，但还是没有向烤乳猪折腰。如果有好朋友送他衣服送他车子，很昂贵，孔子就毫不客气直接拿来就用；但如果朋友送他自家祭祀祖先时用的祭肉的话，他会亲自登门拜谢，因为送祭肉，表明人家把自己当作家族朋友，非一般的情谊，非物质上的贵重与否所能衡量的。孔子爱肉，更爱真情。

公元前497年，阳春三月，鲁国刚刚结束祭祀大典，国君按例把祭肉分送到各士大夫家，独独没有送给孔子。第二天，孔子就动身离开了祖国鲁国，周游列国，惶惶然如丧家之犬，一走十四年。这可谓是一块肉引发的一场离家出走。

君子疏财有道

很多下马的贪官据说都是穷孩子出身，后来坦白交代，其中有一条，说是以前穷怕了，所以见财难以不贪，一则为自己，一则为下一代，让自己的下一代不再受穷。

孔子也是穷孩子出身。他尝有言，君子有三戒，其中一戒就是"戒之在得"。"得"就是"贪、贪得"。孔子一辈子没有大富大贵过，但凭他一身的本事，也不愁养家糊口。"君子爱财，取之有道"这句话天下闻名，但从孔子身上更能感觉到的是，君子疏财有道。

原宪是孔门七十二贤人之一，当时是给孔子当家宰的。家宰也就是类似于现在的管家一类的职位。原宪是个穷学生，孔子执意要给他米粟九百当作工资，这是一笔很大的数目，原宪认为这工资太多了，远远领跑了当时的人均GDP。何况原宪根本就付不起学费，怎么好意思还拿老师那么多钱呢。于是就推辞。孔子却执意要他收下，说："毋，以与尔邻里乡党乎。"意思是你自己吃不完就分给你的邻居亲戚老乡嘛，你一定要收下！

看到这里，也许会觉得孔子真是仁厚仗义的人，他知道原宪家里穷就让他当家宰拿高薪，原宪推辞时又替他找到理由并同时教他推己及人的道理。孔子不是一般的老师，是一位慷慨仗义并能身体力行教育学生的老师。

　　但肯定有人对此有不同的看法，比如另外几个学生，孔子对他们就很"吝啬"。公西华、冉有的待遇就和原宪的差太远了。是不是他们两人不招孔子待见呢？不是的。这两人都是孔子的得意门生，在《论语》一书中出现的次数远远超过原宪。那么，这是为什么？同样是学生，原宪是穷学生，公西华和冉有却不是。

　　子华使于齐，冉子为其母请粟。子曰："与之釜"。请益。曰："与之庾。"冉子与之粟五秉。子曰："赤之适齐也，乘肥马，衣轻裘。吾闻之也：君子周急不继富。"

　　公西华出使齐国，作为外交大使不能衣着寒碜简陋，以免有失国容。但是公费可能不够，冉有作为公西华的好朋友好兄弟就请老师出手帮忙，得寸进尺，得釜进庾。冉有又说，公西华的母亲在齐国，这点钱花在行头上买一两套阿玛尼也就没有了，公西华去看望母亲时不奉上点赡养费，这不合适吧？孔子说："阿赤（公西华的小名）这次出差，乘宝马车，穿阿玛尼。我听说，君子是周济急需的人，可不是给富有的人锦上添花的啊！"

　　所谓君子爱财，取之有道；而君子疏财，亦疏之有道。这个"道"，便是孔子性格行为中的仁厚和仗义了。对于孔子而言，这只是依着他的真性情去做而已。

　　前段时间看新闻，看到澳门赌王何鸿燊分家财的闹剧，报纸上一天一个说法。何赌王家大业大，彪悍了一辈子，奈何人健在而子女却不孝如此，贪财如此，见利忘义竟至如此。何赌王一天一句"家里人的事情，以和为贵"，怎么看都显得软弱无力。又想起时不时爆出的某某名人准备"裸捐"新闻，希望他们能真正实践诺言。再想起世界首富比尔·盖茨把他的个人资产全部捐出用以慈善事业的事迹。若孔子泉下知晓，一定会对比尔·盖茨引为同道，拱拱手，曰：道相同。

就这样不合时宜

苏东坡晚年有一则轶闻。有一天,他拿自己的啤酒肚说事,问旁人他的大肚子里装的是什么。旁人一听,噫,这是一个拍马屁的好机会耶!一个婢女说这是一肚子的治世之道,另一个婢女说这是一肚子的经纬之才。东坡都说不对不对。这时,他最喜欢的侍妾朝云说:"先生您这是一肚子的'不合时宜'。"东坡大赞:"好一个'不合时宜'!"正因为东坡有这样一肚子的"不合时宜",才被一贬再贬。早在唐代不就有人问过"画眉深浅入时无"吗?连画个眉都要考虑"入时"与否,更何况学问与济世呢?

虽然孟子评价过孔子,说他是"圣之时者也",但我认为孔子也是一个"不合时宜"的人。不说当时做官的人不欢迎他(那些人也就罢了,孔子也骂过他们像"厨房里的小用具"),就连那些隐者也常常嘲讽他。孔子可是欣赏隐者的。可惜孔子与隐者,是"我见青山多妩媚",料想不到"青山见我'不'如是"。《论语》中出场的隐者有六位,我看他们六位"未必无心唐社稷",只是"英雄退路做神仙"吧。他们认清了世事,"邦无道",人人自危,则人人自保,他们进山倒未必心安了,不然也不会动不动就跑出来嘲讽一下孔子"白费力气"了吧。这也是他们不甘寂寞所以要在《论语》里露个脸什么的。要说隐的大中小境界,我觉得他们真是小之又小的小小隐。

在这六个人里，有一个挑着草筐的人（荷蒉者）路过孔子家的大门，恰逢孔子在敲击乐器，这个荷蒉者一听就说："老兄！你是个有心人啊！这声音也太执着了，别人不了解你就算了嘛！这个时代就是这样没救的了，你就省省吧！"原话是"鄙哉！硁硁乎！"……这里的"鄙"字，是"见识浅短"的意思，我认为含批评孔子"不合时宜"的意思。孔子对曰："果哉！末之难矣！"荷蒉者是孔子的"知音"啊，从乐曲中就听得出他的心事。但他知道孔子是什么人吗？是"知其不可而为之"的人啊——这个评语是谁说的呢？是谁这样了解孔子呢？是这六个人中的另一个，晨门。

晨门是一个职位，守城门的，古代的一个小吏。子路有一天出城办事，晚上回来进不了城，就在城门外露宿，第二天一早进门。晨门问他："你打哪儿来？"子路说："姓孔的。"晨门再问："就是那个'知其不可而为之'的姓孔的吗？"从这个对答中，可知晨门也是个隐士，有识人的非凡眼光，但只做一个小吏也许算不得什么大隐，也只是万人如海一身藏吧。想必，孔子的"鄙"就"鄙"在他"知其不可而为之"了吧？孔子太不自量力，又不量力而为，明知做不到，还硬要去闯，虽千万人吾往矣。孔子有一腔不合时宜的悲壮。胡适有一首诗："知其不可而为之，亦不知老之将至。识得这个真孔丘，一部《论语》都可废。"这个真孔子是什么人物？他其实是一个失败者，因为他没有成功，一生奔忙，且没有完成他的政治理想。

孔子不合时宜，所以他失败。因为他失败，他也让历史让世界记住了他。因为历史和世界记住了他，他便打败了"时宜"。走自己的路，让别人去合时宜吧。

跪族原来是贵族

　　孔子的祖先也阔过。据说孔子的祖先是殷商后裔，周灭商后又有人当上了宋国国君，孔子的祖父为逃避宋国战乱来到了鲁国。孔子的父亲是有名的勇士，当过大将军也当过县长。到了孔子这一代，算得上一个没落的贵族。

　　虽说孔子是商朝宋国的贵族后裔，但他本人却一心向往周朝时期的清明政治，更是推崇周礼（"吾从周"），十分崇拜周公，梦见周公就十分高兴，晚年时梦不见周公就很难过，其崇周程度可见一斑。孔子主张的克己复礼中的"礼"也就是"周礼"，大家普遍认为这其中可见孔子思想中的保守性云云，甚至教材也是这样写的。我却有不同看法。

　　话说周礼。孔子说："周监于二代，郁郁乎文哉，吾从周。"意思是周朝礼乐清明，文化兴盛，相对于孔子所处的礼坏乐崩的春秋末期，实在是好太多了。所以他老人家十分推崇周礼。

　　譬如当时的礼制，见国君要跪两次，堂下跪一次，到了堂上再跪一次。别的大臣都想着在堂下大老远地跪下，国君也看不见，索性不跪了，渐渐地大家都不跪了。但是孔子一定是跪两次的，因为他恪守周礼。别人不理解他，说："噫，这个孔丘真是谄媚！别人跪一次他却要跪两次！"孔子一辈子，怕是跪的比别人都多，但谄媚，却是一次都没有。

　　一般人在国君看不到的地方是站着的，实际生活中尚且如此，精神上更是嚣张。季氏就是这样。他夜宴孔子，席间有八八六十四人的大型舞蹈表演。但根据当时的礼制，天子才能用八八六十四人的"八佾"大型歌舞表演，而季氏这种级别的官员只能用十六人的小型歌舞队。于是孔子愠色："是可忍，孰不可忍！"在实际生活中，孔子不仅在堂前是跪着的，堂后也是跪着的——他守礼，他坚忍，他内心一片光明。他的身份证不是贵族的时候，但他的精神一直都是贵族。他的身体跪着，但他的精神一直都站着，而且无论遇到什么挫折苦难都不曾倒下。他屹立，光耀门楣，光耀岱宗，光耀中华。

第五章　予曰与谁曰

耶稣被钉在十字架上尝言："父啊，为什么舍弃了我！"而不是"父啊，你怎么瞎了眼！"耶稣对父和孔子对天的感情是一样的，天命，是他们自觉地秉承着时代赋予的使命和责任。

唇焦口燥为哪般

　　《论语》里不止一次出现"巧言令色，鲜矣仁"这句话，就是说终日花言巧语的人，很难接近"仁"这个境界。孔子多次教导那个言语科的高才生子贡要注意行仁。他在说起"天"这个极具权威性和神秘色彩的精神符号时说："天何言哉？四时行焉，百物生焉，天何言哉。"所以，比起"巧言令色"，他更喜欢"刚毅木讷"，他的观念里，"刚毅木讷，近仁"。在多数情况下，确实，舌灿莲花的人也往往是满肚子的花花肠子。

　　但有一点该明确的是，孔子并不是排斥语言技巧，事实上他很注重言语的力量，不然他也不会劝他的学生说，"小子何莫学夫诗？"又说"不学诗，无以言"。他注重引导学生学习《诗经》就是要让他们学会有凭据有文采地说话，注意说话的技巧，等等。他教导子贡时，有一次说："志有云，'言以足志，文以足言'，不言谁知其志？言之无文，行之不远。"古书上说，言语是用来表达志向的，文采是用来增加语言的力量的。不能将自己的想法准确地表达出来，谁能知道你的意愿是什么呢？说出来的话没有文采，就传播不远，表达的力量就不强了。

　　我以前读每本书时，都是冲着情节去的。一本本有动人情节的书，引诱着我恨不得一拿到手就把它们生吞活剥。但长久地看下来，

书越看越多，然而看过之后却实在没有兴趣再看一次。而遇到好的文字，看到第一眼，就有惊艳的感觉，默默地读，再三读，享受其中的文采和韵律。诸子百家，唐诗宋词，现当代的大家手笔，其中的词句、意境和韵律，是课余生活最好的精神滋补品。

也许有的人说话功夫很是了得，也不代表他"麻木不仁"，只能推测他"仁"的可能性比较小。但事实上，孔子自己的口才就很厉害。他教导学生，没有好的口才哪能教出弟子三千七十二贤人？哪能自己开一所大学，里面四个专业其中一个就有"言语"科？满篇《论语》，几乎都是子曰子曰，都是孔子在说话，说出来的话一直流传至今，而且还将流传下去。他的这些言语，就是一个"言有文，行之远"的最好例证。何况他还周游列国，到处推广他的思想呢。孔子口才好，巧言，但他的个性绝不可能"令色"，他不会摆出一副讨好的表情专事取悦别人。微生亩谓孔子曰："丘何为是栖栖者与？无乃为佞乎？"你如此颠沛流离，到处游说，不是属于"佞"吗？孔子曰："非敢为佞也，疾固也。"不是我要卖弄口舌，而是那些家伙太顽固。

赤日炎炎似火烧，野田禾稻半枯焦。农夫心内如汤煮，公子王孙把扇摇。孔子心内如汤煮，唇焦口燥为哪般？为行仁——在孔子，除了这个，还能是什么呢？

孔子打死也不说

有人问："子路能做到仁吗？"孔子面无表情：我不知道哦！（孟武伯问："子路仁乎？"子曰："不知也。"）人家接着问，那你知道子路多少呢？孔子就接着说阿由还是不错的，他是什么什么样的，咳咳。

人家又问"冉求呢"，孔子说了一通冉求还是不错的，然后又面无表情地说："不知其仁也。"阿求仁不仁我就不知道了，咳咳。

人家又问，那公西华怎么样啊？孔子答曰，你问阿赤啊？他是什么什么样的，还是不错的，至于仁不仁我就不知道了哦，咳咳。

这个孔夫子太狡猾了，明明知道，他就是不说。亏他自己还教导子路："由，诲汝知之乎，知之为知之，不知为不知，是知（智）也。"阿由啊，我告诉你，知道就是知道，不知道就是不知道，这就是明智了。看来子路是犯过强不知以为知的毛病的。在我看来，孔子他老人家自己，倒是未能践行"知之为知之，不知为不知"的原则的——他相反，他是强知以为不知。

弟子算不算得上"仁"，他能不知吗？依孔子的标准来看，仁是不容易达到的，他认为自己都未能达"仁"的境界，"若圣与仁，则吾岂敢？"那弟子怎么算得上"仁"呢？他的"不知也"，其实意思是，问这个干什么，还用问吗？

以上算是小问题，但有一个很大很大的问题，他还是那一句"不知也"作答——或问禘之说。子曰："不知也。知其说者之于天下也，其如示诸斯乎！"指其掌——"禘"是古代的大祭，有祭天、祭地与祭祖先之分。有人请教祭禘的理论，孔子说："我不知道啊，知道这种理论的人要治理天下的，就好像看着这里吧！"他指着自己的手掌。天子与诸侯各有祭祖先于宗庙的禘，后来周成王感念周公大德，特赐其后代子孙在鲁国为周公举行天子的禘祭。演变下来，鲁国之君也用天子的禘祭来祭祀其父祖，于是就形成僭越之举。事实上，孔子知道这个问题的答案，但他怎么说呢，他不忍心说出来。如果他告诉别人天子如何祭，诸侯如何祭，别人就会发现，当时国君的祭典是在僭越。于是，他只好"指其掌"：如果以礼来治天下，那么就好像张开手掌那样容易。知道了也不能说，真是难为老夫子了。

这是知道了也不说，非不能也，是不忍为也。

有些事情，人人都关心，但孔子却很少提及。

"子罕言利与命与仁。""言"是"主动谈起"的意思。孔子很少主动谈起有关利益、命运与行仁的问题。只有当学生问起这些问题时，他才会答复。孔子对这些问题很慎重，因为"利益""命运""行仁"这三者都是人生重要的问题，如果某个具体的听众达不到领会其真正意义的水平，就容易引起误解，所以不宜泛泛而论。整部《论语》像个格言篓子，好像孔子一辈子都在好为人师。其实，他的不说和少说，也在告诉我，知道了也不一定要说，人人都关心的问题，未必要常说，要说也要慎重地说，所以，每个人来问仁，他给出的答案都是不同的，因人而异的。

有些事，孔子是打死也不说的。

"子不语怪、力、乱、神。""语"是"讨论"的意思。孔子不讨论有关反常的、勇力的、悖乱的、神异的事情。孔子不讨论这些事情，并不代表这些事情不存在，而是这些事情属于特殊情况，只关乎少数人的生活。孔子关心的是中庸之道：稳定的，持久的且与大多数人有关的人生正路。

孔子的多米诺骨牌

时常听见长辈给新生儿取名时犹豫再三，必要时还要专门请教风水先生，结合生辰八字来命一个集天时地利人和于一体的好名字，煞有介事地说"'名'正才能'顺'啊！"大笑，由此说去，看来这三年的日本首相的"名声"都不够妥当了，两年前的"鸠山由纪夫"会让人想到抗日革命题材电影《红灯记》里的那个恶毒的"鸠山宪兵队长"，去年的"菅直人"会让人想到"草菅人命"，至于今年当选的"野田佳彦"，显然比不上他的对手"海江田万里"。

然而这些形形色色的"好名字"，真的能使他从此一帆风顺吗？不见得罢，多年前的"马加爵"也是个好名字啊。所谓的"名正言顺"，根本就不是这种狭隘的意思。

子路曾经问孔子，新官上任要如何处理政事。孔子一本正经地说："必也正名乎！"子路就不懂了，办正事之前还要处理这种虚头巴脑的名正不正的问题来做甚？孔子又说："名不正则言不顺，言不顺则事不成，事不成则礼乐不兴，礼乐不兴则刑罚不中，刑罚不中则民无所措手足……"像多米诺骨牌那样，"正名"的第一张牌没打好，后面就跟着遭殃，所以说，"正名"或者"名正"很重要。

而这个"名"，是涵盖了目的在内的"名"，也就是"师出有名"，这个"名"代表了"出师"的原因和目的。"名"也有身份的意思，"君子去仁，恶乎成名？"君子如果放弃了仁德，哪里还是君子？事实上，原因、目的以及立场和态度是有很深的内在联系的。

不久前，报纸上曾刊登了一条出自某地的某局某官员的语录。面对不停追问的记者，此官员"出家人打诳语"似的振振有词："你是哪个单位的？你是要替党说话，还是替老百姓说话！"这句话十分雷人，中国共产党的宗旨不是"为人民服务"吗？老百姓就不是"人民"了吗？这个官员的"诳语"一下子就把"老百姓"和"中共"的关系对立起来——如果报纸替党说话，那就不是替老百姓说话；如果报纸替老百姓说话，那报纸就是反党的报纸！——这个官员的质问，可见他当然是个党员，但他的话，荒天下之大谬，名不正，则言不顺，立场和逻辑都严重有问题。一直推理下去，那真的是"民无所措手足"了。

有个不怎么有名的诗人叫张小波，他有一条微博是这样的：一年有一诗人给我和李亚伟送来他的诗集。我们请他吃饭。他说他一定会得诺贝尔文学奖。我们说预祝你得。他怒，你们笑什么，我是一定要得的！我说你站起来，他站了起来问，干吗？我说你转身，他转身扭头问，干吗？我说，滚！他说那我走了。李亚伟说慢，把诗集带走。

微博中的诗人，他是"诗人"吗？他是为了自己写诗，是为了写诗而写诗，还是为了诺贝尔奖写诗？那个张小波呢，他是"诗人"吗？他是为了逗趣儿，是为取笑这个诗人而编了这条微博，还是眼红别人至少还有梦？（如果是因为眼红，那么他还有救）——从这些观点来想问题，这些人全都是"名不正言不顺"的人，而往后的一张张骨牌，也就这样倒了。

作为一个公众人物，官员也好，诗人也好，即便随便个阿猫阿狗，都要为自己的言行负责，须以个人信誉作担当。如果出口就是狂言，就是诳语，那还不如噤声，这个世界的胡说八道和胡说八道的人都已经够多了。

子曰：天啊，我的天啊！

《窦娥冤》里有一句唱词流传得十分广——"天啊，你错勘贤愚枉做天！"若是这话落在孔子耳朵里，他才顾不得什么耳顺不耳顺，就会立刻批驳："不怨天，不尤人！"孔子对天的敬仰到了信仰的地步，如果你问孔子有宗教情结吗，如果说有，那答案大概就是"天"了吧。

孔子遇到性命危险的时候就会把天抬出来。"天生德于予，桓魋其如予何！"当桓魋要杀孔子的时候，孔子说老天都在给我撑腰呢，你桓魋能把我怎么样！这是何等的盖世气场！桓魋后来确实没能拿孔子怎么样。

孔子着急的时候也会拿天来发誓，他曾经去见一位名媛南子，只是这位名媛是名媛，名声却不太好，子路就怀疑老师去见她怕没什么好事，不同意孔子这项外交活动。孔子立刻竖起三根手指头做发誓状："要是我孔丘干了什么见不得人的勾当，老天啊你就厌弃我吧！老天你就厌弃我吧！"（"天厌之！天厌之！"）

也许子路不懂孔子为什么要拿天来发毒誓，毕竟老天要是厌弃你的话最多也就闪个电下个雨什么的，你还可以带把伞不用怕。但天的地位在孔子心目中是相当崇高的，天是不可欺的。如果欺骗天，别说天生气不生气了，孔子就会很生气。

孔子有一次病得很厉害，一度病情告急。子路组织同学们搞了个治丧委员会，准备大肆铺排老师的丧事，来个风光大葬。谁知道孔子后来却病好了，就把子路叫来破口大骂："我哪有这个级别享受治丧委员会！我要欺骗谁呢，欺骗天吗！我与其死在治丧委员会的手里，还不如死在我的学生手里吧？即使我没有治丧委员会这样隆重的礼仪，难道我会死在路边没人管吗！"按照当时的礼制，以孔子的地位是不能够得到有专门的治丧委员会的待遇的，但子路就是想让老师走得风光一些。而孔子却认为于礼不合就是欺骗天的行为，是十分严重的。天不可欺啊，你不知我知，地不知天知。

子不语怪力乱神，但天跟这四者不同，孔子心中，真正的神明只有一个，那就是天。这也是周朝人的信仰。要祷告，就向天祷告吧。王孙贾向孔子请教："与其媚于奥，宁媚于灶，何谓也？"奥是奥神，地位尊贵却没有实权，灶是灶神，有实权。这句话类似于现在的"不挂科比挂柯南"，也相当于人们常说的"县官不如现管"。结合当时的时事来理解，奥就是指南子，灶是指王孙贾等有实权的人物。看到这里，大家都明白了，王孙贾的所谓请教是不怀好意的。他的意思是说孔丘你与其巴结南子还不如巴结我王孙贾呢。虽然孔子并没有巴结南子，但他也只是淡然而又坚决地对王孙贾说："得罪了天，巴结谁都没有用！"（获罪于天，无所祷也。）其实无妨把这句话理解为"王孙贾你肯定不得好死"。在孔子看来，得罪了天，就没有可以祷告的对象了。

孔子悲哀的时候也想起了天，子曰："我不想说话了！"（予欲无言）子贡急啊："老师您不说话，那我怎么做课堂笔记呢？"子曰："四时行焉，百物生焉，天何言哉？"孔子最喜欢的学生颜回死的时候，孔子恸哭："老天你是要亡我啊！"（天丧予！天丧予！）即使在那样一个悲痛欲绝的时候，孔子哭的也是"天丧予！"而不是"天啊，你错勘贤愚枉做天！"孔子是畏天命的。他信天命且知天命，天是他的信仰。

耶稣被钉在十字架上尝言："父啊，为什么舍弃了我？！"而不

是"父啊，你怎么瞎了眼！"耶稣对父和孔子对天的感情是一样的，天命，是他们自觉地秉承着时代赋予的使命和责任。

子曰：朝闻道，夕回原点矣

古往今来，欲回到原点者多如牛毛。

屈原就是一个，他一直上下求索着的是一个原点，一个纯粹无瑕的世界之源。李清照也是一个，她所寻寻觅觅的是一个原点，一个安恬的午后或与沙鸥争渡，或与丈夫情话。就连号称"词坛飞将"的辛弃疾也在此列，他于灯火阑珊处看见的，也是一个原点，一个当初的自己。

原点总是象征着太多太美好的事情，因为它是原点，像一张张白纸，有无限的可能，这让人有无数的遐想和向往，像桃花源一般；然而这个世界上并没有桃花源，至少没有物质上的桃花源，所以在现实生活中，做白日梦的人是很可悲的。

儿童节顾名思义是小孩子的节日，但仍有数量相当可观的"超龄儿童"宣称："我们也想过儿童节！"台湾著名漫画家朱德庸在《绝对小孩》里说："想做大人的小孩是可爱的，想做小孩的大人却是可怕的。"一个成年人，一门心思想着过"儿童节"，说好听点也许是"有童心"，往轻里说是"装嫩"，往重里说就是"心智不成熟""缺乏成年人应有的责任感"。诚然，在这个"就业难""养儿难""看病难""墓价与房价齐飞"的社会里，成年人难免感到压力巨大，但若真的像小孩那样过上了儿童节，那么由这种人组成的民族

和国家就是可笑的、可悲的了。

童年对于压力大的成年人来说就是一个原点，但这个原点是回不去的，逝者如斯，岁月不居。现实生活里没有桃花源，但在人的精神层面上，桃花源里落英缤纷。

子曰："朝闻道，夕死可矣。"朝生暮死，如此日复一日，每一日都宛如新生，每一天都是一个起点，一个终点，那便是一个原点了。

为画成狂的画家吴冠中先生一生中撕掉了两百多幅画，撕掉了不满意的画作，使他无数次复归原点，不计较撕画的成本，只求不留下心中遗憾。每次有不满意的作品诞生，下一秒便撕成碎片，回到原点。——只要你愿意，每一秒都可以是一个重新的开始，你就是那个原点。

原点，回去还是不回去，这是一个问题。但可以确定的是，昨日种种譬如昨日死，原点绝不是昨日的原点；今日种种譬如今日生，重要的是从原点出发。

孔子的"异端有害"说

　　一直都很喜欢台湾女作家龙应台，小时候从《读者》杂志里读她的文字，后来就直接读她的《目送》《亲爱的安德烈》《孩子你慢慢来》等，从文字里读出的龙应台，实在是一位非常优秀的，也让我十分崇敬的女作家。她的至情至性，快哉超然，都显示她非同凡人的教养和修为。后来对她了解得更多一点，原来她曾在国外教书，游历过许多国家，甚至在台湾担任过"教育部负责人"！于是对她的好感度暴涨。听说她新著的《大江大海》欲在大陆出版遭禁，也暗自不爽；后来解禁，又兀自雀跃许久。

　　李敖不知是不甘寂寞还是怎的，写了本书叫作《大江大海骗了你——李敖秘密谈话录》。前几个月看见李敖之子李戡在微博上说："她（龙应台）只敢在背后鼓动别人，满口高调，骂人只敢骂到警察局局长，投机取巧吸引眼球……"他也转发别人的微博："龙应台一贯用片面强奸的戏法，蒙混她的龙应台迷，李敖终于出手了，拆穿了，牛刀杀鸡了。"

　　我看见这些十分愤慨，龙应台这样一个作家，是在用生活、生命写作的作家，她的大气和豁达，她的独抒性灵，怎么可以让人这样诬蔑和诋毁？这股无名火"噌噌噌"往上冒，但又十分窝火，因为自己没有读过《大江大海》，也没有读过什么《李敖秘密谈话录》。

直到后来，在听到网上流传的北大中文系孔庆东教授给他的学生授课时的录音，"为什么我们有时会觉得作家人品特别好？难道作家群体里面好人特别多？作家在书里这样写，他就真的这样吗？其实很多时候都是我们读者自己误解了，搞混淆了。"顿时好像陷入一种茫然：我读到的龙应台真的是那个我心目中的龙应台吗？同样，李敖读到的龙应台，又是哪个龙应台呢？

鲁迅的小说《孤独者》里有一句话："S城的人最讨厌别人发些没有顾忌的言论。"其实何止是"S城的人"呢？这应该是全中国人，全人类的通病吧？我也不例外，因为这个通病，所以看不得别人这样批评龙应台；因为这个通病，李敖也看不惯龙应台这样的行文。但显然李敖没有读鲁迅，否则他应该不会一骂就骂成了一本口水书。

子曰："攻乎异端，斯害也已。"一心致力于异端之说，是十分有害的。我还想怯怯地补充一下：想批评自己不了解的东西，也是愚蠢的。

子曰：速度与激情，危矣

去年夏天，我参加了深圳市十佳文学少年到大西北采风的夏令营。一路风尘仆仆马不停蹄，飞回深圳机场时却遭遇台风不能降落，转飞海南海口机场迫降，时值深夜十二点。同行的带队老师和同学们都很淡定，笑言这是好事多磨增加阅历，只有我坐立不安，只因我第二天八点的飞机飞往北京。终于老天赏脸，凌晨三点得以返回家中，凌晨五点又开始发足狂奔机场。到了北京，除了见缝插针补睡眠，十几天里都只能用一个词来形容：焦头烂额。参加叶圣陶杯现场作文大赛，参加新东方的6000英语单词封闭训练营，赶写采风文章竞选十佳文学少年，赶着游览北京名胜……回深圳的飞机上，看到座位前椅背上赫然是某名牌的广告词"数字激情，精彩无限"，回想这一段焦头烂额的日子，心情复杂地苦笑。

子夏为莒父宰，问政。子曰："无欲速，无见小利。欲速则不达，见小利则大事不成。"子夏新官上任，要去莒父这个地方任县长，临行前请教孔子政务的做法。孔子说："不要想着做什么事越快越好，急功近利立竿见影；也不要只看小的眼前的利益。要知道，想要很快收效，反而达不到目的；只看小的眼前的利益，反而办不成大事！记住了？"子夏应该记住了吧，我也记住了。但法国大片《速度与激情》恐怕不同意孔子的想法。

《速度与激情》从第一部拍下来，越拍越快，一口气拍到了第五部，只因票房一直都很有保证。这片子一直都在表现着速度，因为内容有关一群赛车青年的青春和激情，飞驰的车速，俊男靓女，猛烈的冲撞，没有速度就没有激情。没有速度和激情，就没有票房。速度越快，利益越大。而回想我那十几天焦头烂额的暑假，速度却是有的，写作水平虽得到一定的提高，但学习英语的激情却远远落后于每天老师授课内容的速度。可见，现实生活和电影作品很不一样。我信孔子。

现在我只是高二，却在6月9日高考完了的那一天就被称为高三的学生了。现在是暑假，却得天天在学校里待着，因为补课，因为要赶速度把未讲完的教材讲完，讲完教材后要赶着把第一轮复习搞完。我们原本漫长的暑假变得只有十四天，其余的时间都用来补课。每天上九节正课，晚修三节半，老师还抢着晚修又来讲课。没有音体美，只有上课上课上课，望尽天涯路，天涯路有尽头，上课无尽头。下午放学是5：20，晚修是6：00，中间只有四十分钟的吃饭加喘息的时间，最后一节课的老师还要抢着拖堂，拖堂，拖堂……速度是速度了，激情是一点也不激情的。过着这样乏味得漫无边际的补课生活，我突然怀念起上个暑假的焦头烂额了。我不知道这样的补课生活究竟对于我们的高考和前途有没有用，我只知道我很厌倦，我也知道欲速则不达。

欲速则不达，孔夫子不知道，这对于高铁恐怕也不适用。时速350公里，票价堪比飞机票。民众一则担心这样的速度安全系数有多高，二则消受不了如此之高的票价。高铁的速度是高了，老百姓的激情却未相应地高起来。幸而日前有新闻说，"铁道部原高官曝高铁350公里时速，为不顾安全造假"，又说高铁要减速了。夫子泉下有知，应欣慰一下了。（写此文时未到7月23日……——作者自注）

想起看过的大型纪录片《家园（Home）》，唯美得惊心动魄的画面，旁白里有一个词，出现的频率很密：faster, faster:

越来越快，过去六十年，人类人口倍增，超过二十亿人移居城市……

越来越快，深圳四十年前只是偏僻渔村，现在拥有数以百计的摩天大楼和数百万人口……

越来越快，二十年来，上海建成了三千座高楼大厦，另有数百座正在建设中……

越来越快，就像家畜一生都不会见到牧场，比正常动物生长更快的肉类生产成为日常程序，被数百万牛践踏的辽阔草场，寸草不生……

越来越快，距离不再以公里度量，而是以多少分钟车程度量……

越来越快，世界越发展，对能源的渴求就更高……

越来越快，造船厂大量制造油轮、货柜船、煤气运输船。自1950年至今，国际贸易总量增长了二十倍。90%的贸易在海上进行，每年多达五亿只的货柜被运往主要的消费地区，例如迪拜……

自20世纪60年代开始，森林砍伐速度越来越快……一个长长的生物进化链断开了，它们的生命物质信息也永远失落了。

如果海水上升越来越快，像东京这样人口最多的大城市会怎样做……如果海水上升，咸水会侵入地下水，令居民失去饮用水。

《家园》导演扬恩·亚瑟花了十五年时间筹备，走访五十个国家拍摄。它的速度一点也不激情。

《家园》告诉我们，二十万年耗费了地球四十亿年的财富积累；地球上最贫穷的人住在最富有的土地上；地球上20%的人类用着地球80%的资源；人类的财富掌握在2%的富翁手里；它以客观的角度阐述地球的诞生、演变以及地球现今所面临的种种问题！以一幕幕自然漂亮的画面带观众认识美丽的地球，并借此宣扬环保的重要以及迫切性……

这部片子的成功和它的主题，才真正地诠释了孔子的"欲速则不达，见小利则大事不成"，发展只讲求速度，人类只顾眼前的利益，

那么这样的速度带来的，也许是另一种激情：无情。

孔子在两千五百多年前，对子夏说，欲速则不达，见小利则大事不成；其实他也对全人类说了，速度与激情，危矣！

补：7·23动车劫难的冤魂们，谨以此文向你们默哀……

第六章 《论语》的辩证法

- 何为仁者，仁者何为
- 敬鬼神，还是利用鬼神？
- 其言VS其行
- 人信与民信
- 我见，或者不见你
- 向左走，向右走
- 隐士还是逃兵
- 因为悲，所以美
- 拙于谋生，急于用世
- 德政恐怕只是一朵无果花
- 子曰：君子固穷，适时变通
- 愚不可及VS死蠢

毕竟，你只有经过一场场鏖战之后才有资格说自己是胜利者，是战神。从未上过战场或是中途当了逃兵的人，叫嚣着自己也是绝代武林高手天下无人能敌，算什么呢？

何为仁者，仁者何为

　　我记得以前读金庸小说《鸳鸯刀》时，总被其中纠结的情节弄得回肠都纠结在一起，脑筋纠结成一块，反正十分纠结。武林传说鸳鸯两刀合在一起时，会有一个无敌的大秘密。万般险阻、千般艰难之后鸳刀和鸯刀终于合在一起了，秘密也就出现了——仁者无敌。呵，这真是一个人人都知道的大秘密，可见金庸先生在写《鸳鸯刀》时秉承着的是儒家思想文化的精髓。

　　有人称赞孔子的"圣"与"仁"时，孔子会说"不敢当"。孔子不承认自己是仁人，孔子也不轻许人以仁。

　　孟武伯曾经点名道姓地问孔子："你座下的大弟子子路，是个仁人吗？"孔子不说是也不说不是，就说不知道，孟武伯又多问了几句，孔子才多说了两句："子路在一个大国当一个统率三军的大将是没有问题的，但他仁不仁，我不知道。"孟武伯又问起冉有和公西华。孔子说："冉有在一个大夫管辖的地区当一个宰是没有问题的，但我不知道他仁不仁；公西华在一个国家中担任首席外交官是没有问题的，但我不知道他仁不仁。"

　　孔子对他的学生仁与否一概回答不知道。其实别人说他自己是仁人他都不敢当，他的学生哪里够格呢？那么，孔子所承认的仁者到底有谁呢？

　　《论语》中经孔子审核批准的仁者有六人：微子、箕子、比干、伯夷、叔齐、管仲。前五者都是有名的仁者，举世公认。只有管仲很特别，最多争议，但孔子力挺管仲。

　　在一堂课上，大师兄子路站起来发言了："齐桓公和公子纠争王位时，公子纠失败了，他的追随者召忽等人都自杀了，但管仲却不自杀。这不符合仁的要求吧？（桓公杀公子纠，召忽死之，管仲不死。未仁乎？）孔子反驳："齐桓公多次组织诸侯会盟，使得天下安定没有战事，这都是管仲的功劳，是他行仁的做法，行仁的表现。"

　　子贡也站起来说："管仲不算仁者吧？齐桓公杀了公子纠，他不但没有以身殉主，还去辅佐冤家对头齐桓公呢。"孔子继续反驳："管仲辅佐齐桓公，称霸诸侯，匡正天下，百姓至今还受他的恩惠。如果没有管仲，我们现在很可能已经被蛮夷部落收服了，要像蛮夷那样披散头发穿着兽皮戴着兽骨。难道你还要管仲这样的人才也像一般老百姓那样坚守小信，躲到山沟里自杀，死了也没有人埋吗？"

　　孔子肯定管仲，因为管仲坚守大信。从这个角度讲，如果管仲顾全个人名节自杀了，那么中国历史可能要改写了。耶稣有句话说，为什么你只看见兄弟眼中的木屑，而对自己眼中的大梁竟不理会呢？

　　不过孔子对管仲身上的木屑还是看得一清二楚的。"管仲之器小哉！""管氏有三归，官事不摄，焉得俭？""邦君树塞门，管氏亦树塞门；邦君为两君之好，有反坫，管氏亦有反坫。管氏而知礼，孰不知礼。"在这三句话中，孔子说管仲没有器量，不节俭，还违反君臣礼节，可见孔子眼中的仁者并非完人。不过，这可能就是仁者与圣人之间的一点区别吧，仁者虽然并非完人，却已无敌，可见圣人的要求之高。仁者便是退而求其次，也已难能可贵了。

敬鬼神，还是利用鬼神？

都说孔子提倡"敬鬼神而远之"。但我有一个问题，什么是"敬"？这"敬鬼神而远之"的原话是"务民之义，敬鬼神而远之，可谓知（智）矣"。把心力专一地放在使人民走向"义"上，严肃地对待鬼神，但不打算接近他，可以说是有智慧了。钱穆对这句话的解释是："鬼神之祸福，依于民意之从违。故苟能务民之义，自能敬鬼神，亦自能远鬼神。远鬼神，以民意尤近当先。"从孔子"敬"鬼神，可以看出，他是以一种不骄不媚的态度表达着他的"敬"。

在苏格拉底被审判的那天，他早早来到了法院门前等候。这时对神学颇有研究的欧西弗洛走了过来，两人几句交谈之后，苏格拉底了解了欧西弗洛是来告他父亲的，因为他父亲由于疏忽而让一个犯错误的工人死去了，这是"侵犯了神的权利，对神不敬"，当时的雅典人认为只有神才有权力判决犯错者应该接受何种惩罚，人不能擅作主张。苏格拉底说："现在你认为自己对神是非常敬的，要维护神的权力，那么请你做我的老师，让我知道什么叫作'敬'（以前对神才能用'敬'字），因为我现在遭到审判，其中一条罪状就是'对神不敬'。"欧西弗洛回答："'敬'就是做神喜欢的事情啊。""总之，'敬'就是对神很好。"……欧西弗洛一个个的回答，苏格拉底一个个的追问："那么多神，他们之间还有战争，这一位喜欢的那

· 103 ·

一位未必喜欢，怎么办？""所谓对神很好，是不是就像对马很好那样？你对马很好，替它刷背，给它洗澡，目的是要利用它来替你拉车。那么你也是在利用神吗？"……我想，孔子的"远鬼神"是不是觉得离鬼神太近就会产生谄媚之心，以为所谓的"敬鬼神"，而事实上却在利用它？

世人多信鬼神。我所见的大多也是左手敬神，右手揽利罢了。有一次在饭桌上，有一长辈以成功人士自居，句句话都给人谆谆教诲，语重心长。他侃侃而谈，谈到他正在某处名胜建一个大型寺庙，听得我肃然起敬。不料他还有更多的蓝图，说是不久的将来，大概只要一个五年计划内，必能收回成本，香火鼎盛，赚个盆满钵满矣。于是我想起我们在考试前，大有人双手合十念念有词，巴望神灵保佑自己多考几分。但不管考试是否理想，考完之后把双手合十前的巴望都是忘得一干二净的。乡间老太太觉悟高一点，她们提几只苹果一块猪肉，在神像前烧几炷香磕几下响头，念念有词，跟鬼神谈点儿生意，说你要是答应我什么什么，他日我一定再来"还神"，还你几炷香几只苹果几块猪肉什么什么的。世人敬鬼神，不过如此。

做小辈的，经常听到的教诲就是要尊敬长辈，如下级尊重领导。熟悉孟子的都知道，孟子性格耿直爽快，动辄骂人"禽兽也"，即便是面对君主，也毫无收敛的意思。有人就说了："我见到了齐王对您的尊重，却没有见到您怎么尊重过齐王。"孟子就说："噫！这是什么话！整个齐国没有一个人同齐王谈论仁义，难道是仁义不好吗？他们的心思是，'这种人哪里值得同他谈仁义'——这才是最大的不尊敬啊！至于我，不是尧、舜的正道不敢在大王面前陈述，所以齐国人中没有像我这样尊敬大王的。"（"我非尧舜之道，不敢以陈于王前。故齐人莫如我敬王也"）

什么叫作"敬"，答案都在其中了吧？

其言VS其行

少年无知，读罢汪精卫的《被逮口占》后，觉得此人真是爱国，认为他大有"苟利社稷，死生以之"的风范，以为他大有"我以我血荐轩辕"的热血。后来才知道他是个不折不扣的汉奸，能吟出"引刀成一快，不负少年头"这样既慷慨又从容的诗又怎样？还不是只有一张嘴？果然，看清楚一个人，只用耳朵听他说是不够的。

孔子也有我这种体验。他的学生宰予大白天睡大觉，他气急败坏地骂宰予是烂泥糊不上墙，然后说："我以前是听他说什么就是什么，以后要听他说什么然后看他做什么（听其言而观其行）！"毕竟，现实生活中有很多人都是嘴巴上的巨人，行动上的矮子，理想中很丰满，现实里很瘦弱。孔子还说："君子耻其言而过其行。"君子认为自己说得多而做得少，是一件可耻的事情。庄子也说了，"学而不能行，谓之病。"

言行相顾不易。有没有保险的做法呢？孔子教了我们一招：子曰："先行其言，而后从之。"先去实践自己想要说的话,等到真的做到了以后才把它说出来。等他说出来了，我们就非常仰慕他了。其实，做好了，说与不说，又有什么关系呢？何必一定要昭告天下呢？像有些人为了出名，在微博上昭告自己要"私奔"吗？既昭告了天下，又谈得上什么"私"奔呢？其实，不着一字尽得风流，此时无声

胜有声，才最是精彩。子又曰："其言之不怍，则为之也难。"随便开口又不觉得惭愧，那么做起来也是困难的。这道理放在现在就不是这样说了，人们都乐于口惠而实不至，动不动就满口跑火车，天下大事都可以包在我身上，兄弟你有事吗，不用怕，交给我！老子就说过，轻诺必信寡。轻易地许诺的，必定是没有什么信用的，我偷偷地用这句话来衡量了很多同龄人和成年人，真是然哉然哉，在这个问题上，老子不是一般的牛。

言行相顾不易，言之则行更难。陶行知先生应该深谙深中三昧的，他的名字由"知行"改成"行知"，他认为"行"比"知"重要得多。"汝须从行为的果实去认识人"——黑格尔如是说。

范成大的《州桥》："州桥南北是天街，父老年年等驾回。忍泪失声询使者，几时真有六军来？"北宋沦陷后，北宋人民把希望寄托在那几声"收复失地"的口号里，天天盼望着宋朝军队来解救他们，但宋军始终未至。这样的王朝，哪有不式微的道理？

从一个人的行为里才能真正认识一个人，反推一下，一个真正的人，一定是个行动上的巨人。古人有云，"人生有梦，筑梦踏实。"拿荀子来说吧，"吾尝终日而思矣，不如须臾之所学也"，"学"在这里就是最实质的行动，终日空想是无用的，没有活水进来，再怎么用力地去"思"，都只能死水一潭。哲学书上也说"实践是认识的来源"。

雷克洛夫所说的："现实是此岸，理想是彼岸，中间隔着湍急的河流，行动则是架在川上的桥梁。"电影情节里，第一幕墙上挂着的枪，必然在第三幕打响。

孔老夫子"言而世为天下则，行而世为天下法"，他说任何话，做任何事，天下人都效法，所以他才能"匹夫而为百世师"。人的一辈子，想来也就是两件事在抗争着，其言VS其行。

子曰：言忠信，行笃敬，虽蛮貊之邦，行矣。

人信与民信

过年的时候，我妈编了一条"原纂"春节祝福短信发给她的朋友们：

子曰"人而无信，不知其可也！"意思就是：一个人如果连我的春节祝福短信都没收到过，真不知道他是怎么混的，所以为了保证你新的一年混得越来越好，特此献上此"原纂"短信。

"人而无信，不知其可也！"看来这个"信"很重要啊，当然，上面这个翻译真的是"原纂"的，本义是"一个人如果不讲信用，真不知道他怎么与人交往"。这后面还有一句，"大车无輗，小车无軏，其何以行之哉？"——牛车没有车辕与轭相连接的木销子，马车没有车辕与轭相连接的木销子，车子要怎么走？孔子以此为喻，说明没有了"信"寸步难行，市井中通常会有一句话说："人无信不立"，还说这句话是孔子说的。先看看这句是什么意思？人无信不立，人若不讲信用就丧失了立身之本，通常用于教育商人的，教育他们要讲诚信，不要做奸商。但这句话最开始不是这样子的。"自古皆有死，民无信不立"，这个"信"，应解释为信任的意思。

还常听人们互相告诫：人无信不立——并把这话加到了孔子头上。其实，孔子的正确说法应该是"民无信不立"。"'人'无信不立"讲的是每个人自身要有修养诚信的立身之本，而"'民'无信不

立"，讲的则是治国之道。我来回放一下当时的情景：

子贡问政，问孔子如何处理政事。

孔子回答说："足食，足兵，民信之矣。"备足粮食，充实军备，老百姓信任政府。

子贡又进一步问："必不得已而去，于斯三者何先？"迫不得已去掉一条，三者中哪个最先去掉？

孔子回答说："去兵。"先去掉军备。

子贡又进一步问："必不得已而去，于斯二者何先？"迫不得已再去掉一条，二者中哪个要去掉？

孔子回答道："去食。自古皆有死，民无信不立。"丢掉粮食。自古以来人皆有死。一个政府，不能得到老百姓的信任，是会垮台的。

乍看之下，觉得有点难以理解，但翻一翻历史书，便了然。中国古代的每个朝代的终结都几乎只有一个原因：民不信。拿秦始皇来说事好了，最让愤愤不平的勾当大抵是"焚书坑儒"一事，但起来推翻秦皇朝的不是士人，是下层百姓，是苛政，是秦始皇自己。得道多助，失道寡助。始皇"无道"，则"无助"。

有句诗说，"刘项原来不读书"，这句话本来是被造反十年不成的书生用来表达自己酸溜溜的心情的，但侧面反映出秦皇朝的快速凋零的原因是，不读书的是百姓，刘邦项羽不读书，陈胜吴广也不读书，但是不读书的老百姓不是糊涂蛋，他们分得很清楚，什么样的政府才是值得信任的政府。

我们的一衣带水的邻国日本，虽为数一数二的经济大国，但年年财政赤字。前些日子日本地震使它的经济严重受挫，怕是短时间难以复苏。但日本人却依旧老老实实地过日子，有序，乐观，坚韧。原因很简单——日本的人均GDP很高——政府愿意苦自己也不苦百姓。于是，民信之矣。

我见，或者不见你

初中语文课本里的《送东阳马生序》，宋濂写到他自己为了求学，"患无硕师名人与游，尝趋百里外。从乡之先达执经叩问……当余之从师也，负箧曳屣，行深山巨谷中。穷冬烈风，大雪深数尺，足肤皲裂而不知。至舍，四支僵劲不能动，媵人持汤沃灌，以衾拥覆，久而乃和。"宋朝的杨时与同学游酢千里迢迢拜访老师程颐，老师休息，他们便站在大雪纷飞的庭院中，硬是站出了一则"程门立雪"的佳话。萧何月下追韩信，也是星夜兼程，追了几天几夜。

"唐棣之华，偏其反而。岂不尔思？室是远而。"唐棣的花朵啊，翩翩地摇摆。哪里是不想念你呢？只是由于你住的地方太远了——与上面几个例子相比照，显得多么无力。

子曰："未思之也，夫何远之有。"什么太远了，恐怕就是没有想念吧？真有想念的话，有什么远呢？孔子去向老子求教的时候，山长水远地赶路，心之所向，哪有什么山迢迢路迢迢，只怕早就是"轻舟已过万重山"了罢？

至于"子见南子"，孔子是不乐意去见，却又不得不去见的。有人调侃说，孔子有美人相邀，当是洽谈甚欢，言笑晏晏了吧。然而孔子是守礼之人，国君夫人南子以礼相邀，孔子一定守礼前往。有一些不愿见的人，有一些不想做的事，还是得去见，去做。

　　"孺悲欲见孔子"，孺悲想拜见孔子，孔子托辞有病在身不能相见。传话的人刚刚走出房门，孔子却"取瑟而歌，使之闻之"。孔子立刻把瑟拿下来弹，边弹边唱，故意让孺悲听到。于是在孔子欢快的歌声中，孺悲听着门人传孔子有病不能相见的说辞，面红耳赤地黯然告退。有个英国新教牧师高大卫翻译《四书》时说，中国人心中只有君父没有上帝，中国人是喜欢撒谎的民族，孺悲求见孔子就是典型的例子。我想，这个英国人恐怕还是对中国人和孔子了解不到位吧。如果孔子借病推托并且刻意隐瞒不让孺悲知道真相，这的确是撒谎没有错。但孔子故意让孺悲知道自己其实身体无恙，好着呢，但就是不想见你，你自己回家反省去吧，这就不是撒谎而是一种灵活的教育方式吧？

　　还有一次，鲁国大夫的家臣阳虎要见孔子，孔子躲开了，阳虎就送了一只小猪给他。依礼，孔子只好登门拜谢。但这个阳虎谋权僭越，不是什么好人，孔子不愿意见他，于是他派出小密探，专门打听阳虎哪天不在家，他就去登门拜谢，一来不失礼，二是又不必见阳虎。

　　在孔子，我见，或者不见你，礼就在那里。

向左走，向右走

　　总有人拿孔子的"克己复礼"来说事，说他迂腐古板，保守，也就是右了。但事实上说他迂腐的人都是只看到表面而未思及内涵。

　　子路也曾请示过孔子说："我想放弃古代的思想，而改行我的主张，可以吗？"（"请释古之道而行由之意，可乎？"）

　　孔子的回答是"不可以"，以前东方少数民族中有一个羡慕华夏的礼义的。有一个女人的丈夫死了，有人想为她再寻一个丈夫，她却坚持不再嫁。可以嫁而不再嫁，这就表现了她贞节的思想。苍梧山下有一个叫娆的人，他的妻子十分漂亮，他就把她让给了哥哥。这确实是让了，却不是合乎礼义的事情。当初不谨慎，事后又后悔，嗟叹又有什么用？（"不慎其初，而悔其后，何嗟及矣？"）今天你想舍弃古代的思想而实行你的主张，怎么知道你的主张不是以对为错，以错为对呢？以后即便想后悔，就难了。（"今汝欲舍古之道，行子之意，庸知子意不以是为非，以非为是乎？后虽欲悔，难哉！"）

　　更何况，提出改制的是子路，他是个头脑简单四肢发达的偏"左"冒进分子，孔子不提醒他，子路很可能就没头没脑地改制了，到时可能真的追悔莫及了。

　　孔子对改制一事是极为谨慎的，不肯轻易改了前人旧制，更何况是他极为推崇的周公定下的国礼呢？汉朝时萧何从宰相位子退休之

后，他的下一任不敢轻易改变萧何在位时的任何一项制度。别人说他不作为，他就说："你觉得我们这些人有萧何高明吗？没有吧？既然如此，为什么不沿用旧制，而非要搞另一出呢？我的不作为就是我的作为啊。"这个"不作为"的高明而省事的继任宰相姓曹，于是在历史上留下了"萧规曹随"的成语和佳话。

但孔子并不是一个"谨小慎微"的人，终日害怕更改旧制就会做错。他对旧有的殉葬制度就十分排斥，甚至连以俑代人的俑葬也排斥。他骂："始作俑者，其无后乎！"他骂第一个做俑来陪葬的人断子绝孙。俑就是木偶人或是泥人，刻着一张人脸，孔子认为这其实也是用人来陪葬的意思。由此可见孔子对当时殉葬制度的态度。他是一个绝对恪守旧制的人吗？显然不是！在那个贵族阶级统治的时代，血淋淋的殉葬遗风盛行，主张取消俑葬本身就是一个十分大胆的，先进的，偏"左"的想法和提法。但这无疑是正确的，人性的，进步的。

反观近代中国的新文化运动，轰轰烈烈地载入史册的新文化运动，大胆地革命式地批判一切旧制，企图打倒一切包括儒学在内的"旧文化"，如此行为，如此冒进的偏"左"运动，又是百分百正确的吗？

向左走还是向右走，这的确是个问题。

隐士还是逃兵

《箴言录》里有一句话是这样的：如果一个人从来没有经历过危险，我们便不担保他有勇气。同样的，一个人不能在污浊的世间保持他的高洁品性，而是跑到一个深山老林里爱梅爱菊爱莲，我怎么知道他到底是爱高洁品性，还是爱惜他号称的高洁名声？莲是长于淤泥且出于淤泥才能称其不染，它要是被移植到一个清净的池子里，哪里有什么资本被称得上"不染"呢？

如此说来，如恒河沙数的隐士们，他们的品性，他们的不慕名利洁身自好的名声，是很可以被怀疑的吧？

尧时洗耳的许由，商末不食周粟的伯夷叔齐，汉初的商山四皓，三国时的诸葛孔明，最著名的还有东晋的彭泽令陶渊明，这些有名的隐士，和以他们为首的一些不太有名的隐士，到底是不是真正意义上的隐士呢？

树大招风，就拿彭泽令陶渊明来开涮吧，他号称"不为五斗米折腰"，"不以心为形役"，弃乌纱帽如敝屣，跑到南山脚下采菊东篱。这是他不与世俗同流合污呢，还是"道不同，不相为谋"呢？前者我看是不确定的，后者呢，我觉得倒是肯定的。如果说，世俗淤泥是自己高洁品性的强大对手，而面对一个强大的对手，有三种可能：一种是输给它，这种可以称之为"屈从现实，投入到名利权钱的泥淖

里"。另一种是从战场上逃掉，如陶渊明，我以为他最多能算是"不给潜在的对手上场的机会"，也算是不与世俗相争。这两类的人，我以为是有自知之明的，也许他觉得再在官场上多一秒，就会失败了，所以只能落荒而逃。只有第三种，在宦海里浮浮沉沉却从不为外物所动的人，才算打败了这个强大的对手，才能真正称之为洁身自好，不慕功名利禄吧？毕竟，你只有经过一场场鏖战之后才有资格说自己是胜利者，是战神。从未上过战场或是中途当了逃兵的人，叫嚣着自己也是绝世武林高手天下无人能敌，算什么呢？

《论语》里，隐者桀溺对子路说："滔滔者天下皆是也，而谁以易之？且而与其从辟人之士也，岂若从辟世之士哉？"天下像滔滔洪水泛滥那样,有谁能改变它呢？你子路与其追随孔子这种避人之士，哪里比得上追随我桀溺一样的避世之士，出世而隐居呢！言外之意是，像我这样避世隐居的人才更高更酷更牛，像孔子那样的人一点都不潇洒，不值一提。可曾想过这些清高的隐士身后可能埋着些许懦弱，面对滔滔天下，他们是有心杀贼无力回天，无法放着胆子"知其不可而为之"，于是选择了"不与世俗同流合污"的终南捷径，挥一挥衣袖就留下"隐士"的美名——巧妙的自欺欺人，朦胧了山水，亦朦胧了世人。

两耳不闻窗外事，乃不知有汉，无论魏晋，不知今夕是何年。这些人对国家对苍生做过什么？他们患了近视，只看到自己一身白衣飘飘，闲时收收自家的麦，钓钓自家池塘的鱼，难道不是窃比于我"老农"？

我以为，真正该追随的人，是那种人，是那种有天下之大的胸怀，他的志向，使老者安，朋友信，少者怀。

因为悲，所以美

《论语》季氏篇有这样一段——"齐景公有马千驷，死之日，民无德（得）而称焉。伯夷、叔齐饿死于首阳之下，民到于今称之。其斯之谓与？"

齐景公有四千匹马，十分富有，多半是苛政所致，自然民不聊生。他死的时候，老百姓找不到齐景公这个君王有什么值得称颂的优点。伯夷、叔齐是殷商时期孤竹国君的两个儿子，他们俩谦让国君之位，最后谁都不当；周灭殷后，耻食周粟，跑到首阳山里靠吃野菜过活。一个进山打柴的女人对他们说："这里每一寸草都是周朝的，怎么说你们耻食周粟呢？"他们俩羞愧无比，就连野菜也不吃了，饿死了。老百姓至今还在称颂他们的品行。

其实伯夷、叔齐挺倒霉的，兄弟让位，让来让去谁也没坐上位子。要是他们不是王储，也不必耻食周粟。没有那个砍柴女人多嘴，他们可能也不会最后饿死在山沟沟里。但是老百姓称颂的，就是这样的倒霉蛋。越是含恨而死，越有美感，像比干，像岳飞，还有那千古一出《窦娥冤》。

李零教授的《丧家狗——我读〈论语〉》里也有材料补充：司马迁在《史记》里用卫青、霍去病与李广对比，说卫青"大将军至尊重，而天下之贤大夫，毋称焉"，不像李广"恂恂如鄙人，口不能道

辞"，但"及死之日，天下知与不知者，皆为尽哀"。再如问廉颇那句"尚能饭否"，也是催得人"一把辛酸泪"，十分悲剧，却有另一番的美感，不然也不会让人怜矜至今。

再说项羽，那更是地地道道的悲剧英雄。这英雄，江山，美人，再加上"失败"二字，悲情得无以复加，千古以来多少文人墨客为此折腰，挥洒了多少泪水和墨水，把这个故事谱成了多少诗词歌赋，千人唱万人和，唱和成千古悲剧。越是悲越是美，美从悲来。因为悲，所以美。

有一次看凤凰卫视《锵锵三人行》，有一期提到甘地。甘地带着两万印度人，去海边私采盐矿。几排英国兵把守着不让他们进入矿场。这些印度人就排好队，一个一个走过关卡，过一个英国兵就"啪"一个，再过一个就再"啪"一个——那真的叫"尸横千里、血流成河"。印度人多，本可以势众，但他们就是不使用暴力，他们就是要这样走过去。事情传到英国使馆那里，英国人自己受不了了，印度人就是惨给你看，死给你看，看你能对我残暴到什么程度。你说这是"上善若水，则柔弱胜刚强"也好，是印度人集体自杀也好，是甘地的残忍也好，他们的悲情力量强大到一个境界，强大到英国人忍受不了自己干这事，天下为之缟素。当天下为之悲鸣，美感就出现了。

世人同情和赞美的，经常是倒霉蛋。鲁迅曾说，悲剧就是将人生有价值的东西毁灭给人看。后来这句话演变成"悲剧就是把美的东西毁灭给人看"。有价值就是有美德有力量了吧，这样的美德和力量，越是含恨抱冤，就越具有美感。因为悲，所以美。嗟呼！

拙于谋生，急于用世

好像是李敖说的，中国的知识分子，拙于谋生，急于用世。这大概是从孔子传下来的潜规则，只学习如何做人，为官，甚至后来一门心思只学为官，不学务农种菜，做工经商，宁可贫困潦倒，艰难度日——大抵以为那些都是"嗟来之食"吧。

孔子最喜欢的学生颜回就是这样一个"拙于谋生"的人，孔子说颜回家里只有"一箪食，一瓢饮"，住"在陋巷"，但是颜回很快乐，"人不堪其忧，回也不改其乐"。颜回的"乐"在哪里？乐在学习，而不是高官厚禄，肥马轻裘。颜回"拙于谋生"，他一生从未出仕做官，但是后世的孟子曾评价："要是把颜回与尧舜换一下位置，那结果也是一样的。"这是极高的赞誉了。

余秋雨《问学》一书中，有人评价颜回"可能太会做人"，"八面玲珑"，因为颜回与孔子的对答中，孔子流露出来的赞许有加，会让人以为颜回说的话阿谀谄媚。我觉得这是天大的笑话。颜回不善言辞，德行光明磊落，但何况他也没有讨好老师的原因和必要。颜回"拙于谋生"，不善言辞也是他"拙"的一个原因，这样评价颜回的人，不用细看都知道功夫没有做足，余秋雨倒也是"难得糊涂"地没有多加反驳。

是下面一组对话让人如此评价颜回——这倒是让我十分感兴趣

的：孔子问颜回"我们为什么会走到绝路上"，适时孔子正在从陈国逃亡蔡国的路上，七天没有吃过什么正餐了，渴了喝点沟渠水，饿了吃点方便面渣渣。颜回给的回答是："真君子一向不为人所接受。我们的志向，老师的理想太伟大，政治方案是完备的。不接受我们的政治理想和措施，那是他们的耻辱。"这在一般人看来也许颜回谄媚，但我却以为这正是颜回"拙于谋生"的表现，只坚持对的，好的，别人无法接受，当权者无法接受，那就不接受好了，迎合你的需求，才是我的耻辱！但后世的"儒术""理学""心学"，做的恰恰就是这些：迎合，谄媚，巧于谋生，拙于用世。

但同样的问题孔子也问了子贡，子贡说："老师啊，是不是你的理想太高了，所以一般人无法接受？"子贡貌似走的是自省的路子，其实他只是"急于用世"——"我们把理想降低一点，让一般人都能接受，那就好了嘛。"这也是我们普通人会想到的法子，会采取的法子，但颜回不会，孔子不会，也许这就是普通人与圣人的区别。

孔子也是"急于用世"的，子贡曾拐个弯问孔子想不想出仕。"老师，我有一块美玉藏在盒中，要卖吗？"孔子说："卖了吧，卖了吧！我正在等着好的买主！"听听孔子热切的口吻，"卖了，卖了！"孔子在等好买主买它，他等得很着急，但这种"急"是急不来的，因为世道上不好的买主太多，美玉落在没品位的人手里是很可怕的，什么叫作"明珠投暗"！著名作家张承志有一则语录做了很好的诠释："我想作家也好，知识分子也好，他的任务和责任有一条，就是坚持批判。阿谀奉承，到处去说好话，去搽脂抹粉，这永远不是知识分子和文学的使命！"中国的知识分子"拙于谋生，急于用世"的原因亦在此。

德政恐怕只是一朵无果花

孔子有一个很有争议的观点，"子为父隐，父为子隐"。故事出处是孔子带弟子们周游列国时，曾在叶邑停留，叶公府中的一只羊跑进了孔子的住地，孔子的学生曾点就把这只羊烧了吃了，一边吃一边啧啧，真香，真香。曾点的儿子曾参也是孔子的学生，他跑去向孔子报告这个事情。曾参是个大孝子，又是个很有正义感的好孩子，一位立志成为君子的少年才俊，对父亲做出这样的事情实在感到很为难。孔子也明白曾参对此事陷入了忠孝难以两全的尴尬境地。他说："子为父隐，父为子隐，直在其中矣。"儿子为父亲隐瞒，父亲为儿子隐瞒，正直就在其中了。

历史上曾经存在的"大义灭亲"的法律制度，实在是泯灭人性——难道不是吗？所谓的"大义灭亲"，实在是特殊时期的非常行为，哪怕是在传统印象中无比法治的西方世界，它们的法律也保证了嫌疑人的亲属有选择是否做证的自由，有权不宣誓担保证据的真实性的自由。《论法的精神》里，孟德斯鸠说："妻子怎能告发丈夫呢？儿子怎么能告发父亲呢？为了要对一种罪恶的行为进行惩罚，法律竟然定出一种更为罪恶的法律……为保存风纪，反而破坏人性，而人性正是风纪的根源。"

即便是这个"以人为本"的年代，孔子的观点仍不为大多数人所

接受，更何况在那个年代？这个观点是一个超越时代的观点。与其相对应的，还有一则对话录。

子夏问孔子："对有杀父之仇的人，要如何对待？""寝苫枕干（戈），不仕，弗与共天下也。遇于朝市，不返兵而斗。"不共戴天，时刻拿着兵器，见到就要冲上去和他决斗。子夏又问："对杀手足的人，如何对待？""仕，弗与同国，衔君命而使，虽遇之，不斗。"不共事，不决斗。"对杀堂兄弟的人，如何对待？""不为魁，主人能报之，则执兵而陪其后。"不要主动寻仇，有必要时，最多当个小喽啰。

这些仇恨的程度，是根据亲缘关系的远近来判断的。这些方式都有一个共同点，那就是不采用法律手段。诚然，孔子不是法家，他推崇的是"仁"，而且在那样的年代，要求孔子有"法律意识"，显然不靠谱。但不得不说，我们的传统比较缺乏"法律意识"这一点，与孔子是不无关系的。这也许称得上是一种遗憾吧。

子产论为政"宽、猛"时说："惟有德者能以宽服民，其次莫如猛。夫火烈，民望而畏之，故鲜死焉。水懦弱，民狎而玩之，则多死焉，故宽难。"只有有德行的人才能用宽和的方法使民众顺从。差一等的人不如用严厉的方法，譬如猛火，百姓一见就怕，所以很少有人死在火里。水的特点是柔弱，百姓轻视而玩弄，所以很多人死在水里，所以运用宽和的施政方法很难。

反过来说，孔子推行仁政，大抵是因为他是个"德者"，但在大多数人都只是"次于德者"的情况下，也许"猛政"才是有用的。超越时代的观点纵是先进的积极的人性的，恐怕也只是一朵无果花。

写到上面时本来文章就结束了。现在书要出版，我重新读自己的作品，于是补上相关的后来读到的两则新闻，一则是伦敦骚乱，一名平时品学兼优被选为下一届奥运形象代言人的女学生居然在街头纵火打劫，电视画面直播时，她母亲看见了女儿的暴行，震惊之余含泪报警；一则是我国的刑事诉讼法做出修改，"一般案件中近亲属有拒绝做证的权利。但近亲属仅限父母、子女和配偶",不再强制嫌疑人的直系亲属做证。读到这两则新闻,我对原先观点的"德政恐怕只是一朵无果花"有了一点怀疑。

子曰：君子固穷，适时变通

有句话说，穷则变，变则通，通则久。

但是孔子说："君子固穷。"孔子当然是个君子，那么孔子是一直"固穷"的吗？

孔子周游列国时路过了蒲这个地方，这个地方刚刚经过叛乱，蒲人扣留了孔子不让他走，开出一个条件，要孔子发誓，"苟毋适卫，吾出子。"你不去卫国我就放了你！孔子马上发誓不去卫国。蒲人便放他走了。孔子一出蒲地，马上带着弟子们往卫国发足狂奔。子贡问他，"约定了怎么可以不遵守呢？""被迫无奈的发誓，神是不会理睬的！管他那么多，快走！"（"要盟也，神不听！"）

有人说，这个孔子也真是个出尔反尔的家伙。但我觉得人在适当的时候确实是要变通一下的。譬如说你有一把枪，你也答应过要借给朋友几天去打打猎什么的，但当朋友来拿枪的那天，你发现他脸上表情沉郁，眼中有杀气，你不确定他的心理状况，你还要借枪给他吗？这时候信守诺言就是君子了吗？子曰："言必信，行必果，硁硁然，小人哉。"说的大概就是这种人——说话一定算数，行为坚定果决，这是不问是非黑白只管自己贯彻言行的小人啊。不懂变通，一味死守，孔子是要鄙视你的。

孔子还鄙视过一个人，一个被世人大加称赞的尾生。庄子写过这个尾生的故事：尾生与女子相约桥面，大雨至，洪水涌来，淹没了桥面，尾生一直信守诺言，洪水来了也不跑，一直等着女子，抱着桥柱，最后被淹死。他倒是留下了两个成语，一是"尾生之信"，一是"尾生抱柱"。尾生还有一个故事。有人向尾生讨点儿醋，刚好尾生家的醋刚吃完，他不说事实，却从后门跑到邻居家讨了醋施舍给这个人。世人都觉得尾生直爽慷慨，孔子却不这样认为。子曰："孰谓微生高直？或乞醯焉，乞诸其邻而与之。"尾生这里称作"微生"，名高。孔子不认为这种行为是直爽慷慨。有就有，没有就没有，人可以活得简单一点嘛。有人向你讨，你没有，你可以介绍他去别的地方讨啊，这样曲里拐弯地"变通"，却没有受到孔子的赞赏。在小事上能简单，在大事上能变通，也许尾生不会被孔子批评，也不会死得让人这么纠结。

非常时期，变通很重要，很多人因为无法变通或者想不通而误了自己。

2011年高考，有新闻说一考生因为迟到十五分钟无法进入考场，当场跳楼自杀。一个年轻的珍贵的生命，因为一时之事一时之气一时之惑，就永远离开了人世，丢下了痛不欲生的父母，也给世人留下了很多惊讶和思考。我妈问我，要是迟到十五分钟的人是你，你怎么办？不等我回答，我妈又说了，你想呀，多好，迟到十五分钟，明年再考，等于你又多了一年的时间，有更充裕的时间来准备高考了，而且明年一定不会这么大意地迟到了，高考成绩一定比今年考得更好了——所以，你应该庆幸这个机缘，是吧？——是的，听到这个答案，我豁然开朗。想着这个年轻的生命，他却不等明年的高考了，一念生，纵身一跃，决然去死……明朝的张居正，自幼天赋异禀才气过人，参加科举却落榜，如果他也纵身一跃，如此少年心气，青史之上，哪能有他的一席之地呢？

如果时刻抱着"除却巫山不是云"的心态，那就真的是"一见杨过误终身"了。事实上，"除却巫山不是云"的作者元稹，也是有

过无数情人的。不要在一棵树上吊死，不是发自内心的承诺不必一定守，错过这一次机会应该相信还有下一次机会。仰天大笑出门去，天涯何处无芳草。

愚不可及VS死蠢

　　子路是孔子的大弟子，只比孔子小九岁。子路对孔子很忠心，就像李逵对宋江。但在一些方面，孔子对子路是蛮"鄙视"的。

　　子路问孔子："子行三军，则谁与？"意思是说，老师您带兵打仗，您带谁去呢？子路当然是想孔子一定会说带他去，因为子路是武林高手，后来也是官拜大将军的人物。谁知道孔子不阴不阳地说："暴虎冯河，死而无悔者，吾不与也。必也临事而惧，好谋而成者也。"意思是，像你这样的二愣子，赤手空拳就要去打老虎，光着脚就要涉水过河，死了都不知道懊悔的家伙，我是不会带你去的！跟我共事的人，一定要遇到事情小心谨慎，善于谋划而能完成任务，这样的人我才会考虑带他去——子路讨了个没趣。

　　孔子欣赏一个叫宁武子的人，是因为宁武子"愚不可及"。子曰："宁武子，邦有道则知，邦无道则愚。其智可及也，其愚不可及也。"宁武子这个人啊，国家太平时候能施展他的聪明才智为国效力，国家混乱的时候他就装疯卖傻愚笨无比。他的聪明才智是可以学得到的，他的装疯卖傻可是学不到的。孔子欣赏这样有道则进无道则退的典型，但孔子本人也慨叹宁武子的"愚不可及"自己是学不来的。

　　"愚不可及"在孔子口里是对人极高的评价，也是一种令人绝望

的好评，你只能歆羡与慨叹，无从学习。这个词在今天早已不是当年的意思，现在它成了一句骂人的话，尤其是老师骂学生用得比较多。一般的人不懂用这么文雅的词来骂人，骂人笨吧，一般用"死蠢"二字斩钉截铁就评价完毕。再说一般人看到别人蠢，内心是无比开心的，比如同学之间：你蠢，不就显得我比较聪明么？我比你聪明，我不就可以省些力气少用一些功就能考赢你么？老师嘛，都希望自己班里的学生聪明伶俐，别人班的学生愚不可及。大家都知道这个愿天不从之，于是老师是可忍孰不可忍地悲愤慨叹了。

回到两千多年前的"愚不可及"。大多数人因为"愚不可及"而不能保全自己，就像子路之死，最后也是因为恪守孔子的君子之死要正其衣冠而被剁于乱刀之下，是真真正正的"死蠢"加"愚不可及"。但少数人却因为"愚不可及"而得以保全。就像宁武子，就像南宫适。南宫适"邦有道不废，邦无道免于刑戮"，于是孔子把侄女很放心地嫁给他。但在孔子自己，他究竟是"愚不可及"的前者还是后者？他说，"天下有道，丘不与易也"，天下要是太平，我出来改变什么呢？越是天下无道，越是国家不太平，越是礼崩乐坏，他越是奔走呼告。他知道愚可以保全自己，却不为——他就是这样终其一生"知其不可而为之"——真真"愚不可及"……

第七章 孔子那面魔镜

孔子也是这样认为的，他不期望这个世界真的能够大同，但至少可以向大同接近，可以少一些苛捐杂税，少一些称霸战争，少一些流离失所，他的内心总是有一份对理想对希望和对未来的天真。他也试图唤起别人心中的天真。

　　半部《论语》治天下，治的也是天下人心中的天真。

孔子那面魔镜

就像恶毒的皇后问那面魔镜，魔镜啊魔镜，请你告诉我，谁是这个世界上最美丽的女人？鲁哀公也曾经这样问孔子，"当今之君，孰为最贤？"他问，老孔啊老孔，请你告诉我，谁是当今世上最贤能的君王？

孔子却板板地说："我没见过这样的人。如果说有，大概是卫灵公吧？"可怜鲁哀公，我本将心向明月，奈何明月照沟渠。孔子没有乖巧地接过鲁哀公的话茬，说当今世上最贤能的君王舍您其谁呢，他提了一个沟渠的名字，卫灵公。

"我听说他的家里姑嫂姐妹没有区别，而您却把他排在贤能的等级上，为什么？"（"吾闻其闺门之内无别，而子次之贤，何也？"）鲁哀公是暗指卫灵公生活作风不检点。

孔子解释说："我说是他在朝廷上的行为处事，而不考虑他自己家庭内部的事。"

"他处事如何？"

"卫灵公的弟弟公子渠牟，能治理千乘的大国，卫灵公喜欢他任用他。有一个士人叫林国，他一发现贤人，就一定推荐他做官，而那个人被罢官后，又和他一起分享自己的俸禄，因此卫灵公的国家没有游荡流放的士人。卫灵公认为他贤能所以尊重他。又有一个叫庆足

的士人，逢国家有事就一定出来处理，太平时期就辞官让贤能的人走马上任。还有一个叫史鳝的大夫，因为他的主张不能实行而离开了卫国，卫灵公在郊外住了三天，不弹琴奏瑟，一定要等到史鳝回国，他才敢回去。我拿这些事情来看待卫灵公，把他放在贤者的地位上，难道不可以吗？"

这则故事取自《说苑·尊贤》。孔子评价人真正做到了公正，不舍本逐末，不去关心辱骂别人的私生活，这一点着实难做到。反观今天的人在评论别人时，往往不顾其突出成就，但谈起别人的私生活时却津津乐道，乐此不疲，一副八卦至死死后方休的架势，甚至还因无伤大雅的小缺点来全盘否定一个人。

读闲书时看到，戴安娜王妃在中国有很多粉丝，很多人对查尔斯王子不抱好感，认为他不忠于婚姻，觉得威廉王子直接即位更好。但事实上，查尔斯王子是一位成功的企业家，活跃的慈善家，真正的环保践行者，是一位非常好的君主人选。这个世界上的人在做判断时总是不理性，甚至就以一些花边八卦新闻贸然武断。

呜呼，圣人不常，人心不古。

如果齐桓公在任用人才时，只看到管仲的铺张和奢侈而弃他不用，那么齐桓公凭什么能成为春秋五霸之首？如果齐灵公、齐庄公、齐景公只看到晏婴的三寸身材，仲宣孟阳之貌陋，晏婴怎么能成为功绩彪炳名满天下的三朝重臣？如果韩信、张良、萧何因为刘邦的市井身份和老奸巨猾的个性就弃他而去，又哪来一个盛世汉朝？好比天体，是太阳重要还是流星重要？也好比，西瓜与芝麻，你要拾哪一个？树起一面"魔镜"来映照一个人，应该要看到他最大的价值吧？至于那人的家长里短，不如视而不见，见了也三缄其口。

半部《论语》治天真

　　宋初有个人叫赵普，他跟随过宋太祖赵匡胤和宋太宗赵匡义，帮太祖打天下又帮太宗治天下。他当宰相时别人向太宗打小报告说这个赵普不学无术，平生所学不过一本《论语》。宋太宗不以为然说："这我早有耳闻，我才不相信呢！"太宗继续用人不疑，但有一天突然装作很随便的样子问赵普道："别人说你只读过一部《论语》，我说我坚决不相信！"赵普却十分老实地说是的，"过去臣以半部《论语》辅助太祖平定天下，现在臣用半部《论语》辅助陛下安定天下。"赵普病逝后，家人打开他的书箧，果真只有一部《论语》。赵普是个人才，《论语》也是一本奇书。

　　《论语》不是一本政治工具书，却也教人很多政治理念，"为政以德，譬如北辰，居其所而众星共之。"实施德政，就像北斗星一样，在它的位置上，其他星辰环绕着它而展布。这句话的意思是为政者修治德行，无为而治，下属们各司其职。"德不孤，必有邻。"这是天下至理，但也可见夫子的天真也真是天下无人能敌呀！

　　还有"道之以政，齐之以刑，民免而无耻；道之以德，齐之以礼，有耻且格"。用政治手段来治理他们，用刑罚来整顿他们，人民就只求免于犯罪，而不会有廉耻之心；用道德来治理他们，用礼教来整顿他们，人民就会不但有廉耻之心，而且还能使人心归顺。说明用

德行来教化优于以政治手段来教育。"君使臣以礼，臣事君以忠。"君主以礼相待，臣子才会以忠事君，而非"君要臣死臣不得不死"一类没有逻辑没有根据的瞎话。

在《论语》中有很多人向孔子请教如何从政、安邦、事君，等等，上至当朝君主下至路人都有。孔子给出的答案也十分精彩，他的政治敏感度和洞察力非凡。他自己也说，给他一块地方，施以德政，一年有小成，三年有大成，事实也是如此，他担任中都宰时就是这样的，使得他的地盘民风淳淳，路不拾遗。

西谚有云：政治是肮脏的。刘瑜的一篇时政杂文《再天真一些》里说道："政治到处都有可能是肮脏的，但一些地方会比另一些地方更加肮脏。""一个层层房子被推土机强拆的世界，和一个开发商必须跟某人谈判过拆迁价的世界，还是略有不同的。"我想，孔子也是这样认为的，他不期望这个世界真的能够大同，但至少可以向大同接近，可以少一些苛捐杂税，少一些称霸战争，少一些流离失所，他的内心总是有一份对理想对希望和对未来的天真。他也试图唤起别人心中的天真。

半部《论语》治天下，治的也是天下人心中的天真。

理解真的万岁吗？

最早从语文课本就学到这样一句话："人不知而不愠，不亦君子乎？"现在想起来，孔子也是因为亲身体验过"人不知"的经过，才会了解"人不知而不愠"是一种君子的境界。其实这世上所有的交恶，几乎都由于"人不知而愠"，这又何必呢？别人不了解自己，干吗要求爷爷告奶奶地把自己的所有话尽路人？要我偏说，人不知，不亦乐乎？

"不患人之不己知，患不知人也"，也是出自于《论语》中的名句，别人不了解自己不要紧，就怕自己不了解别人。我猜曹操就是不懂这一点，又是在青梅煮酒前让一声炸雷乱了眼，把刘备放回山林，又是老早地把司马懿养在身边，还率兵上阵，让这一直吃素的老虎终于舔了一口血。但他曹操自己呢？动不动就显示自己豪情，又是观沧海，要不然就是激情四射地唱短歌行。你让别人尤其是敌人了解得越多，你就越危险，因为敌人能清楚地看见你所有的弱点和死穴，别人倒是知己知彼百战百胜，你把自己抖搂光了就只好屡战屡败了。

再说孔子。子曰："莫我知也夫！"子贡问："何为其莫知子也？"子曰："不怨天，不尤人。下学而上达，知我者其天乎！"天知道孔子！孔子一面"人不知而不愠"着，一面又渴望被了解，毕竟，活在"无人知晓"的世界实在是太寂寞了，独孤求败，孔子求

知，千里马有伯乐，伯牙还有钟子期，然而他孔仲尼只有天了！天知道？天知道！因为无人了解也就无人问津，孔子从来不受肉食者的青睐，在我眼里他才是天字第一号的怀才不遇者，姜子牙好歹也在人生晚年遇到周文王，诸葛亮也遇到了肯三顾茅庐的刘备，孔子哪有那么好运气？他无人理解，不能欢呼一声"理解万岁"。但话说回来，理解真的万岁吗？

从电影《梅兰芳》里看到的，有人劝孟小冬离开梅兰芳，因为梅兰芳跟孟小冬在一起很快乐，很满足，但梅兰芳的不朽完全就是从他的那份孤独和不满足里逼出来的。孟小冬终究离开了梅兰芳，梅兰芳也就活在了无人理解的孤独里。要是没有这份孤独，孔子可能就奔波在宦海，了不起就像管仲和商鞅一般有些业绩，但很可能做不出传承文化的伟大功绩，也做不了孔圣人。

圣人心中的圣人

圣人孔子不承认自己是圣人，因为他认为圣人除了自身要有经天纬地之才，还要做出一番经天纬地之事业造福天下百姓才算。何谓经天纬地？这就要向尧舜禹看齐了。所以，圣人很低产。

《论语》里孔子论自己心目中的圣人，也很少。子贡问孔子："如果有一个人能够对民众广博地施与并救济，如何？可以算得上是'仁'吗？"孔子回答说："这哪里只是'仁'的事呢，这是圣人来做的事了。尧舜恐怕都担心自己力量不够啊。"（子贡曰："如有博施于民而能济众，何如？可谓仁乎？"子曰："何事于仁，必也圣乎！尧舜其犹病诸！"）"仁"与"圣"在这里最大的区别恐怕就是"有位"与"无位"之差了。仁者没有一官半职，不能"博施济众"，而圣人，比如尧舜，有德有位，但"博施济众"，事无限量，虽尧舜仍感其力之不足。圣人低产，是因为圣人难做啊。孔子看人的眼光很挑，圣人的标准就更高了。

子路向孔子请教在上位者要做什么。子曰："修己以敬。"

子路又问："这样就可以了吗？"子曰："修己以安人。"

子路又问："这样就可以了吗？"子曰："修己以安百姓。说到修己以安百姓，尧舜还担心自己力量不够做不好啊！"（"修己以安百姓，尧舜其犹病诸。"）

　　由此可见，圣人博施济众又修己安百姓，都怕自己力不从心，这也是圣人知天命的表现吧。试问从古到今，可曾有一人修己以敬，则可以平天下乎？这也是孔子说"尧舜其犹病诸"的原因了。尧舜尚且有所不能，但尧舜之后再无尧舜。

　　但话又说回来，孔子倾情推荐的圣人尧舜等，包括孔子欣赏的仁者伯夷、叔齐一干人，都是死人，先于孔子死的人。可见圣人和仁者的评选，还要经过时间的检验，有什么事迹流传下来经久不衰，时至今日，还有多大的影响力和感召力？人们讲起来还是津津乐道满心崇敬吗？天底下有谁不识尧舜？又问了，天底下又有谁不识孔子？孔子，也是死后才被推为圣人的啊。尧舜之后，虽再无尧舜，但也出了孔子。只是，孔子之后再无孔子。圣人始终是低产的，不然也不称其为圣人了。

　　圣人虽然都死了，但他们还活在凡人的心中，千秋万代做凡人眼中的圣人，所以圣人不死。"死者倘不埋在活人的心中，那就真的死掉了。"鲁迅如是说。鲁迅死了，臧克家写《有的人》纪念他："有的人死了，他还活着。"老子对死亡也有一句话，正同此意：死而不亡者为寿。

我不是真的不知道

　　小时候看一个叫《聪明的一休》的动画，有个小和尚叫一休，善于思考，每次遇到不懂的问题总是静坐片刻，两手揉太阳穴，然后猛地说一声："啊，我知道了！"答案就出来了。我曾经试着学一休，总是试图知道，知道，再知道，与人交流，总是想方设法告诉别人，"啊，我知道了！"以此夸能。后来慢慢长大，渐渐地发现，有的时候，还得靠一句"我不知道"才能化解一些问题。有时候说"我知道了"会显得很蠢，而说"我不知道"却颇有智慧含量。而当孔子说"我不知道"的时候，这个"我不知道"就可能有更多的答案。

　　有一次子路问孔子："鲁大夫举行练祭时拿着哀杖，这合礼吗？"孔子说："吾不知也。"子路就出去了，对子贡说："我原来以为老师无所不知，现在才知道老师有些事情也不知道。"子贡比较聪明，他就问了："你问的是什么？"子路便重复了他的问题，子贡听后说："你等等，我替你再问问。"子贡于是快步进入，问孔子："举行练祭时拿着哀杖，这合礼吗？"注意，子贡这回略去了主语"鲁大夫"。孔子便说："不合礼。"子贡出来便对子路说："你不是认为老师也有不知道的事情吗？老师真正是无所不知的，是你问得不对。按礼，居住在这个国家，那么就不应该非难议论这个国家的大夫。"（礼，居是邦，则不非其大夫。）

还有一次，叔孙武叔的母亲死了，小殓之后，抬尸的人抬着遗体出了寝门，叔孙武叔跟在后面，出了门才袒露出手臂，并把小殓时戴的冠扔掉，用麻束住头发。子路见后，摇头叹息说，"将要小殓的时候就要变换丧服，现在叔孙武叔在尸出寝门后才变服，夫子却认为这样合乎礼，为什么？"孔子说："仲由，你说的不对，君子不拿具体的人来质问士。"（由，汝问非也，君子不举人以质士。）

这个礼的标准放在今天大概就是，不要在背后议论别人，所谓"白天不要说人"，还是不无道理的。前段时间学校发了一张调查表，其中一个问题就是，"听到同学议论老师，说老师的坏话，你会怎么样？A. 知道这不对，制止他们；B. 知道这不对，但参与议论；C. 知道这不对，驻足旁听；D. 知道这不对，快步离开。"面对这种调查，面对这四个选项，我不知作何选择，实在惭愧。我想最好还有一个"E. 我不知道"的选项，这个题目就既人性化又完美了。

"巧言令色，鲜矣仁"，听到在别人背后切切察察的巧言，还是用一句"不知道"来作答吧。

唯女子与男人难养也

　　"唯女子与小人难养也。"此语一出，就成了千古话柄，孔子也因此被郑重扣上了"歧视妇女"的大帽子。不幸生为女儿身，其实想来我也应该加入控诉孔子"歧视女子"行列才对啊。但我还想着把孔子头上的这顶帽子摘掉——突然觉得，自己真的是"被人卖了还跑回来帮数钱"啊。

　　"周亡因褒姒，吴灭为西施。从来亡国恨，都怨女儿身。"孔子从来没发过这种论调，相反地，他曾经说过"才难，不其然乎"来评价唐虞之后的周武王时期十个治国大臣中唯一的女性。"人才难得啊！"这个女性就是武王的妻子，也是姜太公的女儿邑姜，她主管内务。这句原话是："才难，不其然乎？唐虞之际，于斯为盛，有妇人焉，九人而已。"后人却无中生有地说，妇人便不算人吗？加上妇人有十个人，第十个便不算人吗？但孔子的原意却是，"十位治臣中包括了一位主内的女士，算下来政务官不过九人而已。"

　　至于那一句"唯女子与小人难养也"，还有后半句，"近则不逊，远则怨。"太亲近就不尊重人，疏远了就埋怨。孔子的这句话里，不是把女子与小人画上等号，而是在女子和小人身上找到了人性的相同点。其实硬要再往下细说的话，小人指的就是男人，因为在那时，只有男人才有小人和君子之分，女子并不在考虑和划分范围之列

的。好比雅典的民主制，说公民拥有民主权利，但公民指的只是成年男子，没有女人和奴隶什么事情。而在孔子看来，君子的标准十分严苛，于是君子凤毛麟角，小人倒是满大街都是。那句话其实可以这样翻译，"唯女子与男人难养也"。

曾参有句与"近则不逊，远则怨"很相像的话，"狎甚则相简，庄甚则不亲。是故君子之狎足以交欢，其庄足以成礼。"跟别人太亲近，别人就会怠慢你；对别人太严肃，别人就不亲近你。所以君子的亲近程度就足以愉快地和人交往，他的严肃程度就足以与人保持距离。孔子听到后，盛赞曾子："二三子志之，熟谓参也不知礼乎？"曾参的这句话，也就是想说明，君子是"近还逊，远而不怨"的；除此之外的人，即女子与一般男人，都有些"近则不逊，远则怨"的毛病。俗话说"君子之交淡如水"，大概源于此。

至于现在仍有人以此为骂人的话，我以为大可不必理睬。孔子不也说了吗，"人不知而不愠，不亦君子乎？"如此，我们不就从女子晋升为君子了？走自己的君子之路，让别人小人去吧。

谁非礼了孔老夫子

曾经偶然听到一小片段的对话。

"噫！没想到啊没想到！"

"怎么？"

"这孔子也撒谎诶！"

"他说了什么？"

"他在见过一个名声不好但漂亮的王妃后说，'要是我做了什么非礼的事，那就让天厌弃我吧！'"

"这不是此地无银三百两吗？"

"就是说啊！"

两人言之凿凿一口咬定孔子是个道貌岸然的老色鬼，我在一旁连话都懒得说。还有人说孔子说"吾未见好德如好色者也"也有"吃不到葡萄说葡萄酸"的成分，反正孔子也不在乎这"二三子"的鬼鬼祟祟的想法。当时那个又漂亮又名声不好的卫国国君夫人南子是以礼相邀，孔子不赴约便是不合礼节，孔子只有去了。再者，孔子为了证明他的清白，连"天"都搬出来了——现代人说到"天"，随随便便就会抱怨一句"没天理"或"老天没眼"，或者表示惊讶时大呼一声"我的天！"，但孔子的"天"不是一般人的"天"，他的"天"在他心目中具有极高的位置和精神意义，他也曾说过，"了解我的只有

天了！"加之在那个时代，民智未开，科学尚不知为何物，"天"作为一个极具威慑力的符号，谁敢随随便便拿天来发毒誓呢，更何况孔子？

更何况"子见南子"确实极具话题性，从某种意义上说，"男才""女貌"，正是最好的八卦故事的土壤，也难怪林语堂先生把它搬到了戏台上，也真的有人演了，孔子后人愤愤不平，鲁迅先生也为此撰文《关于〈子见南子〉》。也许对于孔老夫子来说，他只是做了一件"合礼"的事情，却想不到千百年来惹出那么多"非礼"的"遐想"。

其实，要我说，千百年来，真正"非礼"的人，恰恰就是这些嚼舌根的人。有一个故事说一个老和尚和一个小和尚外出，遇到一个村姑，三个人要过一条不怎么浅的河，村姑不敢过河，老和尚就把村姑背过河去，小和尚心里打鼓。两人又走了十里路，小和尚终于忍不住了，说："师父，我们是出家人，怎么可以背一个姑娘过河呢？"老和尚朗声说："我只背她过了一条河宽，你却背了她十里。"

我实在想知道，我们这些世间俗人，还要把这个南子背多久？

孔子藏着什么不教给学生

孔子有一次跟学生生气，说："你们几个臭小子，以为我对你们有所隐藏吗？我告诉你们，我对你们没有任何隐藏。我没有将什么进德修业的秘诀之道藏着不告诉你们！我的一切行为都呈现在你们眼前——这就是我孔丘！"（"二三子以我为隐乎？吾无隐乎尔。吾无行而不与二三子者，是丘也。"）

《论语》里只记了这么一个场面，没有接着描述"二三子"被臭骂之后讪讪的表情。读到这里，我替孔子愤愤不平，这帮臭小子能跟着孔子学习，真是天大的福气啊，居然还这么不理解老师。连我都知道，子曰：君子坦荡荡，小人长戚戚。孔子心胸光明开朗，这帮臭小子却乱猜疑，怪不得孔子臭骂他们了。

只是，前段时间我还听到有朋友说起另一些老师的事情。

朋友在深圳周边城市的一个重点中学念书。他说他每天下课后，就到某科任老师家里补习功课。老师家就在学校附近，家里宽敞明亮，装修却比较特别，本该是主人房的房间，却放着教室里一样的桌椅，一张张排列整齐，现代化多媒体设备也一应俱全，墙上也挂着黑黑的黑板。老师在家里上课特别用心，特别"有料"，他在老师家里补课后，进步特别快。当然，每隔一段时间，他就和其他一起补课的同学一样，默契地交给老师一个信封，里面装着这一段时间的补课

· 143 ·

费，他们戏称之为"进步费"。唉，幸亏我没有遇到这样的老师，我的老师们，在课上总是不厌其烦地讲讲讲，下课了之后还要拖堂继续讲讲讲，大概他们下课之后不会带学生回家收"进步费"的吧？也许有，也许没有，只是我不知道吧。

不过，拿现在的一些老师搞"家教"创收来跟孔子比，真有点儿污辱了他老人家了。但其实，孔子还是"隐"过一次的：他的学生樊须问怎么种庄稼，怎么种菜，孔子没好气地回答说，庄稼和种菜的事情别来问我，我不如老农民和老菜农，要问你问他们去吧。樊须走了之后，孔子骂他没有大志气，"小人哉，樊须也"。孔子说自己"吾少也贱，故多能鄙事"，相信种田和种菜这点事情难不倒他，但他就是不说。孔子想教的是大学之道，君子之道，同学们想学的却是礼乐射御书数这六艺，学好了好去谋生，做官。孔子想传播他的思想，同学们却只对某一门手艺学得好不好精不精有兴趣。孔子想做的是恢复周礼，用礼乐制度来拯救当时礼崩乐坏的状况，他的学生只想着毕业了之后去做一名合格的打工仔或一名光辉灿烂的打工皇帝。于是，他的学生们，有的人可能就怀疑他捂着什么秘诀不传授了吧。

怪不得孔子感叹："莫我知也夫！"没有人了解我啊！三千弟子，七十二贤人，居然没有人了解他。"知我者其天乎！"了解我的，大概只有天了吧。读到这里，我心悲催。幸而现在的国学热起来了，很多人对孔子的思想有兴趣，夫子在天有灵，不知老怀有慰否？

当然，孔子的教学方法与我们现在老师的不一样，我们的老师一天到晚讲讲讲，问问问，你不说他就提问你，提问你说不出来就让你站着，一直到你憋出某一个词来才让你坐下。孔子用的却是启发式，他不多说，所以愚钝的学生们就觉得他有所"隐"了吧？子曰："不愤不启，不悱不发，举一隅不以三隅反，则不复也。"不到他努力想懂而懂不了，我不去开导；不到他努力想说而说不出，我不去启发；告诉他一个角落是如此，他不能随之联想到其他三个角落也是如此，我就不再多说了。我们的老师都要修炼化腐朽为神奇的乾坤挪移大法，要把所有学生都送上大学，不然科任老师和班主任就觉得很丢脸，不然学校升学率就不能高得吓人，不然学校在市里的排名就不牛气，不然校长的面子就不光彩。

不问鬼神问苍生

"捣鬼有术，也有效，然而有限。所以以此成大事者，古来无有。"（鲁迅语）孔子从来不"捣鬼"——"子不语怪、力、乱、神"。这个"子不语"，大抵是不喜欢讲的意思。

汉文帝有一天终于想起贾谊来了，于是把他从长沙召回，通宵请教这位年轻的贾太傅。请教什么呢？答案是"可怜夜半虚前席，不问苍生问鬼神"。也难怪最后贾谊年纪轻轻就郁郁而终了。

这种"不问苍生问鬼神"的事，子路也干过。子路向孔子请教如何侍奉鬼神。孔子冷着脸说："不知道侍奉活人，怎么知道侍奉死人呢？"（"未能事人，焉能事鬼？"）子路不看脸色，还不死心，接着问，"敢问死是怎么一回事呢？"孔子冷得脸都要硬掉了："没有理解生的道理，怎么会理解死的道理呢？"（"未知生，焉知死？"）

其实这里有两个意思。一个是连"事人事生"都没有处理好，还来谈什么"事鬼事死"；另一个是如果处理好"事人事生"，自然就懂得"事鬼事死"，因为"事死如事生"。这其中有个循序渐进的道理，像子路这样就本末倒置了。孔子在这里用了一招"以不教为教"——我不教你就是我在教你。

孔子主张"敬鬼神而远之"。一个是"敬"，一个是"远"。孔子还说，"祭如在，祭神如神在。"说的是一个人在祭祀的时候，要感觉到祖先鬼神就好像在面前，要十分恭敬——这也正是"事生如事死"的道理。他不喜欢那种在祭祀时没有一个祭祀样子的态度，因为祭祀是个很庄重的仪式，需要人们有发自内心的真诚和虔诚，这就是"敬"了。至于为什么要"远"，其实没事离鬼神那么近干什么？希望他们庇佑自己和家庭吗？如果这样，那就是谄媚了。再说，鬼神有什么了不起的呢？只不过是一个名词，用来形容人死后的状态罢了。如果真的有鬼，鬼是人死后变的，那我们自己死后也会变成鬼。我们活着的时候平平凡凡，凭什么死后就能获得了非凡的能力去庇佑世间了呢？如果这样，那人们应该很喜欢死愿意死才对啊，那为何世间的人大都怕死呢？

况且，这世间真的有鬼神这回事么？有的话，那鬼是物质的还是非物质的呢？傅佩荣教授这样来说明这个道理：有的人整天说见鬼了见鬼了，请问你见到的鬼有没有穿衣服呢？衣服当然是物质的，那么鬼出现的时候，衣服哪来的？鬼走的时候，衣服哪里去了呢？——这样一说，大家都明白了。未知人，焉知鬼。已知人，可知鬼。

据说商朝时期的君王大概每三天都要去拜一拜鬼神，后来周灭商后祭祀的礼法被改动，祭祀的次数锐减，说是商朝拜鬼神太多，把天下苍生都给拜没了。孔子是对的，敬鬼神而远之。要多问，可以多问如何事奉天下苍生的学问。

盗德先生好好好

子贡："如果有一个人，全乡的人都说他好，那么这个人怎么样？"

孔子："不怎么样。"

子贡："如果有一个人，全乡人都说他不好，那么这个人怎么样？"

孔子："不怎么样。"

子贡："那么怎么样的人才算怎么样呢？"

孔子："乡里的好人都说他好，乡里的坏人都说他不好——那么这个人是可以算作很怎么样的。"

以上这段绕口令式的对答，乍看像是子贡没话找话，"乡人皆好之"和"乡人皆恶之"在孔子眼里都是不可取的，尤其是"乡人皆好之"，就是典型的"乡愿"——"乡愿，德之贼也"，孔子如是说，也就是不分是非好坏的好好先生，遇事都说好好好，好人他说好，坏人他也说好，黑道白道都愿意和他做朋友。这样的人还让人想起了八面玲珑的韦小宝。

然而，孔子是不会让韦小宝当他的学生的。孟子尝言，孔子好为人师，家门常开，如果有人经过他的家门而不进来向他请教，他会觉得遗憾，但只有一种人例外，那就是乡愿。这种人，孔子是不愿意教的。"众好之，必察焉；众恶之，必察焉。"孔子要求他的学生，看见这样的人要小心。当大灰狼满口仁义道德时，可能只是扮猪，也可能是要吃老虎，更可能是扮猪吃老虎。

话说三国时期刘备投奔刘表后，去拜访过乡绅司马徽，司马徽就充当人才市场销售经理，把诸葛亮和庞统的简历都给了刘备。可见这个司马徽也是一个有几把刷子的人，慧眼识珠。但他同时又深谙"邦无道"时就"愚不可及"的道理，所以经常装糊涂，开口闭口从不谈人家的是非长短，一律答之曰"好好好！"一日他的好朋友来看望他。于是有了如下对答：

"不知近日来徽身体安康？"

"好好好！"

"唉，犬子不幸，短命死矣……"

"好好好！"

于是朋友愤而离去。妻子责怪他："人家认为你是有德行的人，故将家中不幸直言相告于你，你倒好，还是好好好？"司马徽还是"好好好，你的话说得好"以对。不知这个司马好好，后事可好。反正我是好鄙视他的好好好的。

好好先生阿于俗，一切听从群众安排，没有独立的观点和立场，真切的个人心愿就是让全世界都说他是"道德先生"，岂不知这样反而让自己成了真正的"盗德先生"。李零教授有个观点，说"三军可以夺帅，匹夫不可夺志"讲的正是坚持独立见解的可贵。军队的统帅可以被劫走，但一个平凡人的志向却不可以被人轻易改变。好好先生大概能安安全全稳稳当当地做他的盗德先生，而不能算入这个匹夫之列的。

第八章　孔子和他的朋友们

- 听圣人家的墙根
- 孔子揍老朋友
- 老朋友总归是老朋友
- 可耻的友情
- 四海之内，谁是谁的真兄弟？
- 孔子只有敬亭山
- 孔子与阳虎

后来感叹，雨花石少了还可以再买，君子"不多"还能怎么办？若雨花石不是雨花，凑在一起也成不了雨花；若七贤本不贤，聚在一起也成不了竹林七贤。四海之内，皆兄弟。只可惜，四海之内，唯独总是"今晚"死的人最多。四海之内，究竟谁是谁的真兄弟？

听圣人家的墙根

　　我敢说，当年隔着孔子家门肯定有很多只耳朵贴墙偷听，这也是人之常情。对儒学感兴趣又不想交学费者肯定有之，想从儒家那里窥得什么"秘密武器"式的学说好回去禀报自己老师的其他诸子之徒者有之，纯粹是偷窥狂者有之。但我猜，更多的还是对孔子好奇的人。孔子到底有多厉害？孔子到底怎样教学生？名满天下的大学者孔子也像普通人一样吃喝拉撒吗？

　　子贡不也说过，一般贤能的人就像一座普通的宅子，因为院墙不高，所以外面的人瞅得见里面，看见装修呀陈设呀什么的都不错，就觉得挺了不起的；但孔子这座宅子，院墙那么高，高耸入云，宅子那么大，你连门都难找着，怎么能看得见到底装修有多好，陈设有多么高贵典雅呢？因为院墙太高了看不见，所以只能蹲着墙根把耳朵贴在墙上了。

　　好龙的叶公来问子路，说："你的老师孔子是个什么样的人啊？"子路就站着，不回答。子路平时鲁莽，但别人打听老师，他却担心自己嘴笨说不好，把老师的秘密泄露了或者把老师的形象搞坏了。孔子听了子路的汇报，就教他："下次有人再问你这样的问题，你就说我老师这个人啊，发愤用功起来就忘记了吃饭，内心快乐起来就忘记了忧愁，连自己快要衰老了都不知道。这样就行了。"（"女

奚不曰，其为人也，发愤忘食，乐以忘忧，不知老之将至云尔。"）不知道子路后来有没有专程跑去告诉叶公。不过墙根耳朵那么多，总会有人听见的。

其实不仅隔墙有耳，墙内也有耳。孔子的学生陈亢就多次私下向师兄师弟们打听孔子，有时问子贡说："老师每到一个国家就一定会听到这个国家的政治情况，这些消息是老师自己去打听的呢，还是别人主动告诉他的呢？"有时问伯鱼："你是老师的儿子，老师有没有单独给你开开小灶什么的？说出来晒晒呗。"这个陈亢简直可以去做金牌小密探了。子贡是言语科高才生，口才了得，给陈亢的答案很妙，"我们老师温良恭俭让，凭这些优秀品德他就可以得到这个国家的政治消息。"这个答案什么都说了，但又什么都没有说。伯鱼告诉他的是，并没有开小灶，只是叮嘱自己要去学诗学礼而已。这样的答案，不知道让多少耳朵失望了吧。

《论语》里记载着这样一个故事：孔子留居卫国时，曾在家里打击一种叫作磬的石头乐器。有一个挑着草筐的人打孔子门前经过，大声说："击磬呢？磬声里面有深意啊！"过了一会儿又说："声音硁硁的，太执着了！没有人了解你就算了嘛，正所谓'深则厉，浅则揭'嘛，你又不是不懂！""深则厉，浅则揭"的意思是说，当人穿着衣服过河的时候，水浅的时候还能把衣服拉高了涉水过去，但是如果水太深了，怎样都无法避免弄湿，就只好穿着衣服下去了。这意思是劝孔子说你这么高明，当世没有人了解你的了，你别老那么拗着了。看到这里我就纳闷了，怎么孔子在家里敲个乐器解个闷，就刚好路过那么一个能知孔子之音的高人呢？这个高人还故意那么高声地隔着墙让孔子听见他说的话呢？我就怀疑这个"荷蒉者"是在孔家墙根蹲了有日子了，对孔子不是一般的了解，一听到孔子击磬就在墙外喊话。等孔子跑出来见他时，他却跑得不见影了。

不过，当年的人还挑圣人的宅子蹲墙根。而今天蹲墙根的已经有了专业人士了，他们叫作狗仔队。狗仔队拿着专业设备，各种照相机或录音笔，专门去蹲在某某明星的门口，在艳阳天里吐着热气腾腾的舌头，只为了听到录到拍到是非八卦绯闻艳照。

　　人心不古也，久矣。

孔子揍老朋友

很多人都听过那句著名的"有朋自远方来，不亦乐乎"，大概会以为孔子有很多朋友。但《论语》中很少提到孔子的朋友。提到了一次朋友交往，孔子不但不乐，还动手揍了这个老朋友原壤。

有一天两人约定要见面，原壤伸开双腿坐在地上，坐姿十分不雅地等孔子来。孔子来了看见原壤这个样子，气不打一处来："幼而不孙弟，长而无述焉，老而不死，是为贼。"你年少的时候不谦逊也不友爱，成年后也没有什么值得传述的事迹，现在这么老了还不死，真是伤天理了！说完就用拐杖揍原壤的小腿。"老不死"大概就是从这里来的。他骂原壤不死都没用。

子贡向孔子请教如何与朋友相处，孔子告诉他："忠告而善道之，不可则止，毋自辱焉。"真诚相告而委婉劝导，他若不听从，就罢了，免得自取其辱。孔子对原壤也就是这样了，"点到为止"，每个人都有自己的想法和做法，不要勉强别人听从你的说法和做法。他在教学生为仕时也说："陈力就列，不能者止。"有能力你就站到那个位置，不行就赶紧走开。说来说去也就是有一个界限的问题，越界很容易踩地雷，安妮宝贝有句话说，"容易伤害别人和自己的人，总是对距离的边缘模糊不清，譬如文种，譬如韩信"。

当年朱元璋好不容易当上了皇帝，幼时与他一同玩耍的朋友来

"苟富贵，毋相忘"了。那帮朋友到了朝廷，乌纱帽顶得人模狗样的，整天对人说"老朱这个皇帝算什么，当年打架都干不过我"这种话。朱元璋以一个皇帝的身份对他们好，但他们没搞清楚自己是谁，或是没搞清楚当年那个干架干不过自己的人，现在要干掉自己连手都不用亲自动了。结果很明显，这些当年的打架达人最终没有什么好下场。朋友再怎么亲密，分寸都不可差失，自以为同穿一条裤子，反生隔离，更何况这个"朋友"是皇帝，你还敢跟皇帝抢龙袍，理由是"你忘记了当年你没衣服穿我都分你一半吗？"

以前觉得朱元璋此举不可理喻，后来才明白他若不杀幼时朋友才叫不可理喻。所谓"屁股决定嘴巴"，立场决定言论，坐在朋友的位置上，大可不必担上亲人的责任，掏心掏肺，苦口婆心，忠告善道，不可则止。

老朋友总归是老朋友

孔子的老朋友叫原壤，孔子曾严厉地骂他"老而不死是为贼"，孔子骂完还很不客气地用手杖敲打原壤的小腿。

如果只看到这一段故事，就会推测到孔子可能对这个老朋友大概从此就老死不相往来了，但事实上不是这么回事——老朋友终归是老朋友。

原壤的母亲死了，孔子帮他整修棺材。子路说："我曾听老师您说过，'无友不如己者。过则勿惮改'，现在老师您却害怕改正自己的行为过失了；你暂且不要帮他了好吗？"子路说这种话，说明他是清楚原壤的底细行径的，还"以子之矛攻子之盾"式地劝阻孔子。孔子却说："凡民有丧，匍匐救之，况故旧乎？非友也，吾其往 。"大凡老百姓有丧事，我们都要尽力去帮助他，何况是老朋友呢？即便不是朋友，我也会前往帮忙的。于是孔子就去协助原壤办他母亲的丧事，准备好了棺材。原壤敲着棺材说："我好久没有把心意寄托在歌声里了！我唱一曲！"于是就唱了起来，"狸首之斑然，执女手之卷然。"歌词大意为外棺上漆的花纹像野猫头，外棺漆得细致滑腻，摸一摸就像握住女子的手（见《礼记·檀弓下》）。孔子听到之后心里很难过，却装作没有听见。原壤在母亲的丧礼上唱这样的歌，严重违礼，严重不靠谱。子路更不高兴了，说："老师您屈尊至此！这样的不符合礼节的事情您还不停手吗？"孔子却反驳他："吾闻之，亲者毋失其为亲也，故者毋失其为故也。"

——我听说，亲人总归是亲人，老朋友总归是老朋友。

我想，这轻轻的十九个字，却含着孔子很多不为人知的伤感。孔子也曾说过，"匿怨而友其人，左丘明耻之，丘亦耻之"，而原壤在母亲的棺材旁唱起欢快的歌，孔子却当作没有听见。他能说什么呢？他大抵会叹息一声："故旧无大故，则不弃也"。

从这个层面看，孔子是温情主义者。

可耻的友情

子曰，有朋自远方来，不亦乐乎。这话大家都知道，并由此理所当然地推理孔子很喜欢交朋友。但有一句话也是有关交友之道，很锋利，很尖刻，知道的人却很少。

子曰："巧言、令色、足恭，左丘明耻之，丘亦耻之。匿怨而友其人，左丘明耻之，丘亦耻之。"对于花言巧语表现出来的过分恭敬，左丘明认为是可耻的，我也认为是可耻的。内心怨恨却在表面上装出友好，左丘明认为是可耻的，我也认为是可耻的。

从这句话还可以看出，孔子对左丘明很推崇。左丘明是鲁国史官，学识渊博，德才兼备，为时人所崇拜，司马迁称其为"鲁之君子"。左丘明编修国史，著《国语》《春秋左氏传》，日夜操劳，历时三十余年，导致双目失明。左丘明的成就很值得推崇，但这里孔子推崇的是左丘明的为人态度。在平时生活中，与人有嫌隙时，心里产生了怨怼，表面上却又互相装作很亲热，这种人事在成年人中很普遍，处处可见，人人难免，在中学生们中也渐成风气。但这种一团和气虚假和谐的情状，左丘明认为是可耻的，孔子认为是可耻的，我也认为是可耻的。

很多人还美化这种"匿怨"，美其名曰为"忍"，说什么"忍一时风平浪静，退一步海阔天空"，但"匿怨"就是"匿怨"，不是

"忍"，"忍"应该是无怨的，如果有怨，一定要化解，如果做不到，还不如有话说清楚，不要这样假惺惺地"友其人"。

拿余光中和李敖的例子来说好了。我以为余光中倒是做到了"忍"李敖的，或者说他根本就不需要"忍"，因为他无怨。而李敖就是能做到不"匿怨"。李敖总在逮到各种场合就骂余光中，余光中总是不回应。他们两个人年轻的时候，因为相同的理想走到一起，后来又因为性格不合不能共事而分开。其中的内幕缘由也许只有当事人才清楚，外人不能了解。不能不说李敖是个直爽的人，不匿怨，心有不满就大声发泄，而且在光天化日之下破口大骂，这已比绵里藏针的人强上了百倍。而余光中似乎得道了，他在接受记者采访谈到这个问题时，他答曰，李敖天天骂我，说明他的生活不能没有我；而我从来不搭理他，说明我的生活可以没有他。看看，余光中根本不"匿怨"，他连"怨"都没有——这是何等的修为和境界。

所谓"君子坦荡荡"，他们两人都做到了。

总之，朋友之间相处，或者说人与人之间相处，"真诚"二字才是要紧的。如果不能直爽相待，那也不必花时间来虚情假意。如果不能相处友好，那就"不友其人"好了。当下中国，假货已经满天下了。友情应该是真诚且美好的东西，用"匿怨"来做假包装，令人作呕。

四海之内，谁是谁的真兄弟？

有一句话很早就从武侠片获知，"四海之内，皆兄弟也！"要是再回忆一下那句台词的上下文，通常是这样的——"嘻！四海之内皆兄弟！来来来，喝酒喝酒！今晚来个不醉不归！"然后"今晚"一定会死一个人，要么是请喝酒的，要么是被请喝酒的。当时还会想，原来"兄弟"就是这样的"兄弟"啊……

后来读《论语》，读到这句话才真相大白，此语出自孔子晚年招收的学生子夏之口。有一天司马牛十分忧愁，子夏问其故，司马牛说："人人皆有兄弟，唯独我没有，这是我的忧愁啊。"子夏就开解他说："死生有命，富贵在天。君子对人谨慎认真，不出差错；和人交往态度恭谨而合乎礼节，那么普天之下到处都是兄弟，君子何必担忧自己没有兄弟呢？"（四海之内皆兄弟也，君子何患乎无兄弟也？）

《水浒传》有一个很精彩的译名，就译作《四海之内皆兄弟》（*All Men Are Brothers*）。梁山水泊上，每一个人都有其他一百零七个兄弟，君子何患无兄弟乎？好汉何患乎无兄弟也？王维的"劝君更尽一杯酒，西出阳关无故人"，其实何必言"故人"？萍水相逢也能相见恨晚。高适的"莫愁前路无知己，天下谁人不识君"说的正是四海之内皆兄弟。

赫赫有名的竹林七贤，他们在世时有的还未必认识彼此，但因他们有共同高洁的品性，有如竹子一般，于是后人将七人画在一幅画中，取名为"竹林七贤"，流传至今，传为佳话。君子何患乎无兄弟也？别说四海之内了，四海之外也可以是兄弟。大导演吴宇森，他所拍的《赤壁》实在是部佳作，我以为它所反映的应是瑜亮之间的情谊，一个身在孙营，一个心在蜀汉，但也不影响他们之间的友谊和交往，若没有他们，也就不会有"赤壁"之战。这又让我想起很久之前Nike的广告语："无兄弟，不篮球。"

母亲从南京游玩归来，带回来一串雨花石，她说起初只买了一粒，行至半路时觉得单薄，于是原路折返，在店家那又买了九粒，串在一起才觉得妥帖和安稳，我戏称串在一起才是"雨花"。后来感叹，雨花石少了还可以再买，君子"不多"还能怎么办？若雨花石不是雨花，凑在一起也成不了雨花；若七人本不贤，聚在一起也成不了竹林七贤。四海之内，皆兄弟。只可惜，四海之内，唯独总是"今晚"死的人最多。四海之内，究竟谁是谁的真兄弟？

纵横四海，海内知己，过尽千帆皆不是；饕餮千杯，杯中兄弟，山月不知心里事。

孔子只有敬亭山

　　有两个和尚出门云游行脚，走到一个深山里，发现河流下游有一片菜叶子，他们就知道这深山里有人烟，于是逆流而上找到一个隐山和尚，三人就谈道起来，谈得十分投机。第二天这两个和尚意犹未尽，又去拜访隐山和尚，发现早已人去楼空，墙面只留下一首诗，有两句这样的："刚被世人知住处，又移茅屋入深居。"这也让我想到桃花源失踪的原因。

　　子路也遇到过类似的事情，有一回子路又掉了队，遇到了一个用锄柄挑着筐子的老头子，"荷蓧丈人"。子路就问他有没有看见孔子，荷蓧丈人张嘴就骂："四体不勤，五谷不分，孰为夫子！"然后把拐杖往地上一插，把禾苗周围的草都卷进泥里。子路被荷蓧丈人强大的气场震慑住了，两手垂立恭敬地站着。荷蓧丈人后来带他回家吃饭，还叫两个儿子陪客。第二天子路赶上了大部队，孔子听说他的见闻后就告诉他，那个荷蓧丈人是个隐士，叫子路回去请教他。但等子路回去一看，荷蓧丈人不见了——看来孔子猜得没错，真的是隐士，"隐"了。隐士们似乎都是神龙见首不见尾。

　　孔子遇到过一个楚国的狂者在路上唱歌："凤兮！凤兮！何德之衰，往者不可谏，来者犹可追。已而！已而！今之从政者殆而！"歌词大意是：凤啊，凤啊，你怎的如此落魄啊？昨日种种譬如昨日死，今日种种譬如今日生，算了吧！算了吧！现在的从政者都很危险啊！孔子一听就知道遇到知音了，立刻下车想跟楚狂者唠几句掏心窝子的话，谁知那楚狂者一溜烟跑了，"隐"了。孔子永远没跟隐士们说上半句话，隐士们都不喜欢跟孔子讨论问题。

我觉得这些隐士挺滑稽的，像一群孩子在一个老人家周围捣乱，又是狂扔西红柿，咣咣咣踢垃圾桶，又是唱着"离乱的凤凰不如鸡"之类的歌，等这个老人从家里冲出来时，他们又一打呼哨，作鸟兽散了。这个老人家能怎么样呢？大抵就唱唱歌，弹弹琴，感叹一下："众鸟高飞尽，孤云独去闲。相看两不厌，只有敬亭山。"

孔子是奔着敬亭山去的，他不必像隐士那样一被人发现就搬家，他的家就在敬亭山上，他一直光明磊落地走在路上，走在回家的路上。

孔子与阳虎

与孔子为难的恶人很多，阳虎则是最不得不提的一个。孔子跟他有过一次间接的冲突，也有过一次直接的遇见。第一次孔子性命堪虞，第二次孔子采取非暴力不合作态度与阳虎虚与委蛇——我怀疑印度圣雄甘地就是跟孔子学的。

阳虎是鲁国季氏大夫的家臣，鲁国国君的政权被季氏架空，季氏的权力又被阳虎架空，也就是一个国家的实权掌握在一个家臣手里，鲁国国君十分窝囊，孔子看阳虎十分不顺眼。

孔子周游列国时曾路过匡地，为孔子驾车的人曾经替阳虎驾过车，而匡地的百姓跟阳虎是有仇的，因为阳虎曾带兵镇压过匡地，一看见那个替阳虎驾过车的人又驾车过来了，自然以为阳虎又来了。仇人一见分外眼红，于是匡地人民有组织有纪律地把孔子下榻的宾馆围了个水泄不通，连苍蝇飞过都要拦下来查身份证。孔子却不战战兢兢地脸孔发青嘴唇发白，也不从窗户伸个白旗什么的，他就自顾自地弹琴唱歌，安之若素。楼下那些群情激昂的匡地百姓一听，觉得不对劲了，那个大老粗阳虎什么时候会弹琴会唱歌这么多才多艺了？还挺有文化的样子。此情此景应是后来被罗贯中仿写到《三国演义》中去了：司马懿率领十五万大军直逼城下，但见护城门大开，但闻诸葛亮高山流水弹琴自若，司马懿就慌了。没错，匡地百姓也慌了，疑心这不是阳虎，于是乎可劲儿打听，终于探得这个弹琴唱歌的是著名的孔丘而不是混账阳虎，这才吹号收兵。带头大哥还特地上楼向孔子请罪。

孔子险些丧命于匡地的乱刀之下，都是阳虎害的。在此之前孔子和阳虎还有一次"交锋"，但是这次孔子显得不那么自若了，并且还狼狈得多。

阳虎想让孔子拜会他，让孔子出来替他做官做事，但是孔子不去。不去怎么办？阳虎就差人送了一只小猪给他。按当时礼仪，孔子应该上门答谢。但是孔子还是不想去，又不能不去，来而不往非礼也嘛。孔子就想出一个很好的主意，使劲儿打听啊打听，专挑阳虎不在家的时候去登门拜访。一切都打点好了之后，孔子自以为得计，就得意洋洋出门了——谁知道天意难违，在路上却遇见了阳虎！不是冤家不聚头。阳虎一见孔子就气不打一处来："过来！我有话跟你说！"口气很不客气，孔子乖乖地过去了。"具备卓越的才干却让国家陷于维谷，你这能叫仁义吗？不能！想要从政做官却屡次错过时机，你这能叫明智吗？不能！岁月催人老，时不我待啊！"孔子垂头耷脸，只好说："好罢，我会去做官的。"其实光看阳虎说的那几句话还是挺有水平的，怪不得他手里能握住鲁国实权，光有枪杆子是不够的。他还想请孔子出仕，然而多少国家都不重用孔子啊。

阳虎也是有眼光的，不仅看好孔子，还看准了时机。可见坏蛋也有有眼光的坏蛋和愚蠢的坏蛋之分。但孔子到底没出来做阳虎的官。他两年后出任中都宰，"斯人不出，如苍生何"，不过那时阳虎已经逃亡国外，不能再继续在鲁国作威作福了。

第九章　他们、他们和孔子

那个朋友对韩寒说，你要装作会弹钢琴很容易的，强行记一两首曲子就行了，比如弹《两只老虎》和《两只蝴蝶》什么的，不是很好听很好玩吗？韩寒想了想，说："还是算了吧。一件事，弄得一知半解最没意思，要么就做一出场别人就全歇了的那种，要么还是观赏别的强人得了。如果搞半天，让人知道我会弹钢琴，但只会弹四只动物，那也太难为情了。"

孔子和韩寒的音乐抉择

　　我崇拜的人很多。古代的孔子是，当代的韩寒是。他们俩都留下有关学音乐的趣事乐事。

　　孔子学音乐曾师从师襄。

　　师襄拿了一首曲子让孔子练习。

　　一段时间之后，师襄觉得可以了，就想让孔子换一首曲子。孔子说不行啊，我还没有掌握这首曲子的节奏内容。

　　于是孔子接着练习这首曲子。

　　一段时间之后，师襄觉得可以了，就想让孔子换一首曲子。孔子说不行啊，我还没有掌握这首曲子的情感意蕴。

　　于是孔子接着练习这首曲子。

　　一段时间之后，师襄觉得可以了，就想让孔子换一首曲子。孔子说不行啊，我还没能体认乐曲中描写的那个人呢。

　　于是孔子接着练习这首曲子。

　　一段时间之后，孔子一副安详虔诚有所深思的样子，随后又欣喜陶然，像是视野志趣正与高远的目标相遇似的。可惜师襄是个瞎子，看不见孔子的沉醉与觉悟。

　　于是孔子对师襄说：我能体认曲子所描写的那个人了！他的样子黑黑的，个子高高的，眼光是那样的明亮远大，像个统治四方的诸侯

王者。这不是周文王又有谁能够如此呢？

师襄一下子离开座位，向孔子拜了两拜，很恭敬地说：我就说过这是《文王操》啊！

可见孔子学音乐很执着，很刻苦，也很有悟性。但他听课也太不认真了。师襄说过是《文王操》啊，他怎么愣是没听到呢？原来孔子听课也会像我一样走神啊，哈哈。

也幸亏他听课走神。要是他不走神，我就看不到这样精彩的故事了。

读到这里，我停下来为孔子鼓掌了三分钟。

韩寒也曾想过学音乐。毕竟会一两件乐器，是很酷的事情。他的一个朋友想做他的老师，教他弹钢琴。但韩寒跟孔子不一样，他还没开始学，只是听了朋友一席话，就决定放弃了。

那个朋友对韩寒说，你要装作会弹钢琴很容易的，强行记一两首曲子就行了，比如弹《两只老虎》和《两只蝴蝶》什么的，不是很好听很好玩吗？韩寒想了想，说："还是算了吧。一件事，弄得一知半解最没意思，要么就做一出场别人就全歇了的那种，要么还是观赏别的强人得了。如果搞半天，让人知道我会弹钢琴，但只会弹四只动物，那也太难为情了。"

看到这里，都会心地笑了吧？我就对着这段文字微笑了三分钟。这就是韩寒啊。

狂者进取，狷者有所不为。在学音乐的问题上，孔子践行着"学而不厌"这四个字，还是做他自己，不断进取，是狂人；而韩寒也是做他自己，不像人家热衷于走市场路线，走万人迷路线，他有所不为，是狷者。

不过，真正狂狷的，还是音乐本身吧，它让狂者愈加发狂，仰之弥高，钻之弥坚，欲罢不能；它也让狷者笃守其狷，高山仰止，景行行止，虽不能至，然心向往之。

孔子、福贵和唐山大地震

余华的《活着》，德译本介绍此书时，说"这是一本关于死亡的书"。主人公福贵的前半生风光无二，穷奢极欲，但他的后半生一直在面对亲人的死亡。他爹死了，死于拉屎：我看是被福贵气得憋死的。他娘是病死的，他正要去抓药，却被抓了壮丁：与其说死于疾病，也许更多是死于乱世吧。他儿子有庆死了，被抽血给难产的县长老婆，失血过多死的：这种死让我觉得比前两种都残忍。女儿凤霞死了，死于难产。女婿死了，死于工地意外事故。他的妻子家珍一直体弱多病，终于熬不住了，也死了。最后死去的是外孙苦根，饿极了，拼命吃豆子，撑死了：其实他是死于饥饿……但福贵一直活着，坚强坚韧地活着。

孔子的一生也经历了许多亲人的离世。三岁时父亲死了，十七岁时母亲死了。他周游列国时，妻子死了。孔子六十九岁时，儿子孔鲤只活到五十岁就死了，孔子白发人送黑发人。孔子六十一岁时，他最喜欢的颜回英年早逝了，孔子又一次白发人送黑发人，他发出"天丧予！天丧予！"的哀号。七十一岁时最忠于他的子路也死了，死于乱刀之下，死得极其惨烈，孔子的心一定也痛得惨烈。

冯小刚的电影《唐山大地震》改编自张翎的小说《余震》。张翎在书中写道："天灾来临的时候，人是彼此相容的。因为天灾平等地

击倒了每一个人。人们倒下去的方式，都是大同小异的。可是天灾过去了之后，每个人站起来的姿势却是千姿百态的。"天灾之后，人们如何从废墟中站起来？在站起来的那一瞬间，一个人生命的姿态展现得淋漓尽致。

《唐山大地震》的主角李元妮在地震中遭受了丧夫丧女之痛，独力抚养儿子方达成人，她的心却在大地震中和丈夫女儿一起死去了。幸而还有女儿方登的"意外"回归。方登的成长历程中每分每秒都在遭受"余震"的摧残，前半生尽数葬在地震的阴影里，所幸还有放下心中包袱和亲人团聚的后半生。方达在地震中失去了一只胳膊，却没有失去认真生活的心态，从最初的踩三轮，一脚一脚地踩成了旅游公司。他们是余震中的福贵。

孔子，福贵，李元妮一家，他们的生命都承受着来自自身生命以外的无法承受之重。但他们都承受着，咬着牙承受着，也许"生命的姿态"对于他们来说是永远都考虑不到的问题，因为他们考虑的是如何去负责把以后的生活打理好，而不是做给别人看。生命的姿态是生命最深处的内心所呈现的最表面的外在，就像一朵花从冰冷的石缝间努力生长，它不会去思考为什么它生在石缝间，它只是生长，这便是生命的姿态了。

这样的生命姿态或许轻于鸿毛，但又何尝不重于泰山呢？他们的生命所承受的苦难比泰山还重，但他们"举重若轻"。那朵花无论怎么努力生长，在别人看来，始终是悠然自在地缓慢生长。生命的姿态只有自己知道，如鱼饮水冷暖自知。所以，天灾人祸之后，不必"以心为形役"。不应该让生命奔放的原色就此一蹶不振，应该绽放最绚丽的花朵。这样，收获的会比失去的还多。就像李元妮那样，失去了所有之后获得了一段最完整的人生；就像福贵那样，在风烛残年中仍然唱着"少年去游荡"的歌谣；就像孔子那样，少年时遭受亲人离世却"好礼"且"志于学"，晚年时亲人们一个个离世，他依然读《易经》韦编三绝，校订《诗经》《春秋》，为我们传承了光辉灿烂的思想和文化。

大禹和孔子，谁是治水达人？

清代学者孙星衍在《墨子注后叙》中有一个论点："墨子之学，远祖大禹。"意思是墨子始终站在劳动人民的立场上，师从大禹，终身苦行救世，为救民于水火而呼告奔走。《韩非子·显学》中有云："世之显学，儒、墨也。"墨学在春秋战国时期也是像儒学一样为世之显学，因为墨学代表广大劳动人民的利益，有广泛的群众基础。但成也萧何，败也萧何，代表平民阶层的墨子主张怎么可能为统治者所接受呢？

但话又说回来，墨子虽代表劳动人民，但他的主张又真的能为世人接受吗？墨子奉行"节用""节葬"，还明确反对享乐，即"非乐"，饮食上"量腹而食"，穿着上"度身而衣"，工作时"日夜不休"，等等。这些对于人们来说，无论是哪一个时代哪一个阶层的人们，都是不愿意奉行的，至少是绝大部分人不愿意的。世人所期待的桃花源乌托邦，绝非粗布短衣、粗茶淡饭的生活。何况，大禹辛辛苦苦治水，累得大腿没有肉，小腿没有毛，三过家门而不入，为的可不是让世人都做苦行僧。

事实上，我以为孔子才可能是大禹的传人。《论语·微子》中有记载，有隐士想挖孔子的墙脚，对子路说："滔滔者天下皆是也，而谁以易之？且而与其从辟人之士也，岂若从辟世之士哉？"如洪水般

的社会纷乱，扫荡着天下，而谁又能去改变它？与其追随躲避恶人的人（孔子），不如追随我们这些避世的人（隐者）。孔子听到后说什么呢？他说："天下有道，丘不与易也。"天下若太平，天下若不是这样洪水滔天，我孔丘出来治理什么呢？孔子所处的时代要是有道，要是风平浪静，孔子也许就不是孔子了。

孔子周游列国，讲学四方，为的也就是"治水"，想要拯救战乱的世间和处在水深火热的人民，他才会主张"为政以德"，也才有"堕三都"的措施，也才有为广大劳苦人民说出"苛政猛于虎"的名言。

大禹治的只是现实中的洪水，孔子治的却是国家制度和意识形态的洪水，人们精神王国的洪水。他为天下苍生东奔西走，在时代给予他的痛苦中奔跑着，又在奔跑中超越了痛苦，超越了大禹。

孔庆东不给深圳面子

明代著名思想家吕坤的《呻吟语》里说："有过只是一过，不肯认过又是一过，一认则两过皆无，一不认则两过不免。"

马未都先生也曾撰文《改过》：改过是一门社会学功课，知易行难。先是面子，中国人的面子极重要，凡事轻易不能丢面子，改过表面上很伤面子；后是内心，此过错是不是自己真心认为的过错，而无内心感到的冤屈？人非圣贤，孰能无过？即便圣贤，亦会有过。孔夫子说过："不迁怒，不贰过。"只是要求不乱发火，不犯同样的错误而已。

道理简单明了，但这世界上多的是背负"两过"之人。

说到底还是面子问题。大家都要面子，中国人尤其爱面子。中国传统文化里一定有一个重要的分支叫作面子文化吧？钱钟书先生说，有的人吃了肉之后要留一点在牙缝里，不用牙签剔去，目的是含蓄而明确地告诉别人他刚吃了顿肉。在物质贫乏的时候有肉吃是很有面子的事情，用牙缝里的肉屑而不是露骨地用言语卖弄自己有肉吃也是很有面子的事情，一言不发而尽得风流。

过而难免，认过又觉得伤面子。为了不伤面子，那怎么办呢？于是谎言就出现了。子曰："巧言乱德。"想想不久前唐骏的假文凭事件，他本人还巧舌如簧地顾左右而言他，这真是孔子此语的应时现实

鲜活版本了。

可惜孔子只知道巧言可以乱德，孔子不知，不言也许更乱德。

深圳为迎接世界大学生运动会，修建地铁加快了进程，却事故频发。工地发生火情，坍塌，起吊机失灵造成一死四伤，电梯逆行，拥挤踩踏……网上还有人公布了一张内部的深圳市轨道办对地铁4号线脱轨事故的严肃通报批评。而这些事情，都是经香港媒体曝光才为人所知的。不然，深圳地铁4号线列车脱轨事件隐瞒得几乎成功。

这里反映了两个问题：一是地铁质量不过关；二是政府知情而不公布。我认为后者的可怕远超前者。既想保证地铁正常运行，又想得到市民的信任，这两个面子都想得到，两不相伤，却两相伤，是伤也。

有两过的人再怎么样说都只是个人的行为，但有"两过"的政府才让人觉得可怕得真切。近日在网上看到北京大学孔庆东教授对深圳毫不客气的批评，言论十分激烈，一点都不给深圳面子。孔庆东教授是孔子的七十三代孙，他用厉言批评时政，大有孔子后人对社会的担当，有孔子后代的风范。身为深圳的一名中学生，我深深地感谢孔庆东教授。希望我们能知错就改，希望以后能听到孔庆东教授用巧言来赞美深圳，赞美我们当下的社会。

孔门大学和董藩教授的财富观

　　王小波在《三十而立》中讲过一个故事，王二的父亲是一个要求很高的人，要王二事事争第一；但王二的母亲说："你自己爱干啥干啥，首先要做个正直的人，其次是做个快乐的人。"

　　首先要正直，其次要快乐，这是一个母亲对孩子全部的要求。我的母亲是一位中学教师，她说这也是她对我的全部要求，无论是从母亲对孩子的角度还是从教师对下一代的角度。近日听到北京师范大学董藩教授对他的学生说："当你四十岁的时候，还没有四千万元的身价，就不要来见我，也别说是我的学生。"听到这种话，我才知道中学教师和大学"教授"是大不一样的。我不知道这位董教授对他的孩子的要求是什么。事事争第一，还是在四十岁之前一定要挣到比四千万元多好多好多倍的钱？

　　随后这个董教授发表了十四条声明来自圆其说。无论这些声明是"圆"还是不"圆"，这都不重要，重要的是无论从哪一个角度讲，董教授的观点都是赤裸裸地以金钱作为人生成功与否的唯一考核标准。姑且不论这样的"教授"会育出什么样的"人财"，只说作为在当下有头有脸的，物质生活和精神生活都不应有所缺失的大学教授都能发出这样骇人的言论，我们还能批评一般人的世界观和价值观是如何的功利和世俗吗？

这位董教授说到自己的财富观是"富不傲穷，穷不妒富"，这个观点和孔子的学生子贡很像。子贡曾问孔子："贫而无谄，富而无骄，何如？"子贡是有钱人，是由穷而富的人，他对财富的态度是贫穷而不谄媚，富有而不傲人，问孔子他这样的态度可以不。子曰："可也。未若贫而乐，富而好礼者也。"孔子说，可以，但是比不上贫穷而乐于行道，富有而崇尚礼义的态度。孔子还说过"贫而无怨难，富而无骄易"，虽说富而无骄易，但满天下都是拿富有来骄人的人，不然满天下哪来那么多财大气粗的人。这个董教授，财大不大不知道，"才"倒是蛮大的，不然怎么"气"这么粗呢？

我现在是"奔三"的人了，飞奔进入了高三。如果高考成功，我"有幸"进入大学，成为董教授们的学生，以后无论四十岁时我的身家多少，我都是不敢去见他的，也不敢承认我是他的学生。因为我心中还有一所大学，这所孔子的传人曾参所著的《大学》是这样说的：大学之道，在明明德，在亲民，在止于至善。

孔子问中国媒体的十万个为什么

阿拉伯人伊扎特，1981年从阿拉伯来到中国，在中国生活了三十年，先是在沈阳中国医科大学毕业，然后弃医从文，到半岛电视台北京分社，现任分社社长。今年4月15日他在网上发了一篇《阿拉伯人对中国媒体的十万个为什么》。

"我不理解一家媒体花那么多钱做那么周密的准备派自己的记者到危险的利比亚的目的是什么，如果这个记者每天对着卡扎菲的电视台为国内做同传，那这种新闻在北京不能做吗？这不是在浪费金钱吗？中国记者在连线中不断强调大部分利比亚人都支持卡扎菲，难道那些整日聚集在广场和街道上的反对派都是天外飞仙（或者中国媒体也像卡扎菲一样，认为这些示威者是"老鼠"）？中国媒体告诉我们卡扎菲的部队如何如何将反对派击溃接连收复失地，却不告诉我们替卡扎菲杀掉他的人民的有几万杀人不眨眼的外国雇佣军；它们告诉我们利比亚人都享有免费的医疗保险，却不告诉我们卡扎菲在长达四十二年的统治时间里在利比亚建了多少所医院；告诉我们的黎波里的人民对卡扎菲上校感恩戴德，却不提在这个每天出口一百六十万桶全世界最昂贵的石油的国家，六百万平民每人能分上几杯羹。所谓大阿拉伯利比亚社会主义民众国，无非只是张空头支票……"

中国媒体怎么了？只告诉我们片面真相或部分真相，对于广大民

众，对于现实社会本身，这真的是真相吗？还是说，这种作为是化用了季羡林老人那句无奈的感叹"假话不会说，真话不能说"，是这种行为无伤大雅，不用负责，不用愧疚，还是这样就良心稍安？

孔子的学生冉有和子路为季康子做家臣的时候，回去向孔子报告工作，说季氏将伐颛臾一事——

孔子说："夫颛臾，昔者先王以为东蒙主，且在邦域之中矣，是社稷之臣也。何以伐为？"那颛臾小国，先王曾把它当作主管东蒙山祭祀的人，而且它地处鲁国境内。它是鲁国的藩属国，为什么要讨伐它呢？

颛臾是鲁国的藩属国，在季氏的领地附近，城墙很牢固。明明是季氏要把颛臾占为己有，却说成是季氏怕将来颛臾为患，于是要先把颛臾干掉。这个理由成立吗？也许成立，也许不成立。

但季氏讨伐颛臾是为了帮助鲁国内政？恰恰相反，季氏是怕将来颛臾在自己和鲁君对抗时帮助鲁君，才想着先发制人。子曰："吾恐季孙之忧，不在颛臾，而在萧墙之内也。"于是毫不留情地批驳了冉有和子路：

"陈力就列，不能者止！"——你们俩能施展才能就担任那职位，否则就不要去（当那个官）！

"今由与求也，相夫子，远人不服，而不能来也；邦分崩离析，而不能守也；而谋动干戈于邦内。吾恐季孙之忧，不在颛臾，而在萧墙之内也。"——如今阿由与阿求你们两人辅佐季孙，远方的人不归服，却不能使他们来；国家四分五裂而不能保持它的稳定统一；反而在国境内策划兴起干戈。我恐怕季氏的忧虑，不在颛臾，而是在鲁国内部啊！

以前的时政有孔子来批评。但是在今天，哪里还有一个像孔子这样的人物来批驳中国的媒体呢？孔子如果能活在今天，也会写一篇《孔子问中国媒体的十万个为什么》吗？

鲁迅之子与孔丘之子

2011年4月7日凌晨，周海婴先生去世，享年八十一岁。如果说，提起周海婴，有人不知道他是谁，那么，在"周海婴"之前，冠以"鲁迅之子"的名号，"鲁迅之子周海婴"，那就无人不知了。

而周海婴先生，无论他愿不愿意，他都没有办法脱掉这个"鲁迅之子"的光环。作为"鲁迅之子"，他待人接物处处小心谨慎。他在回忆青年时期时尝言，同学们可以打桥牌，跳交谊舞，他偶尔去看看，就会有人在背后说，看，鲁迅的儿子不好好学习，只知道打牌跳舞。

反观鲁迅，他对孩子的教育可以从他1919年写的《我们现在怎样做父亲》中清清楚楚地看到，他希望海婴成为一个"敢说，敢笑，敢骂，敢打"的人，但周海婴似乎没有成为这样的人，他的孙子周令飞倒挺合乎鲁迅先生的期望。周令飞在当年海峡两岸不同意识形态的环境下，为了捍卫自己的爱情，毅然飞向台湾，声明脱离中共；周海婴先生则立场坚定地声明断绝父子关系。

我想起流传在曲阜的一个笑话，说是孔鲤对孔子说："你子不如我子。"然后又对子思说："你父不如我父。"很多人不知道孔鲤是谁，子思是谁。孔鲤是孔子的独子，子思是孔子的孙子。子思成就很大，亚圣孟子就是他的再传弟子。事实上，这是个残酷的调侃。一个

民族，有一个伟大的人物当然是好事，但一个伟大的父亲对于一个孩子来说压力太大。虽然有人为周海婴先生说话："周海婴走不出鲁迅的光环，很正常。"但对于周海婴先生来说，这是一段怎样复杂的父子亲情？

所幸，周海婴先生离我们很近，我们知道他有一份"孤独的爱好"——摄影。这大抵是他能够游离于"鲁迅之子"光环外的作为且与"政治"无关的爱好。还有，他的葬礼上别具一格地选取了《田园》作为背景音乐，这也许是他能够曲折而真实地表达自己的一种方式吧。

但，对于孔鲤，除了留下一个"孔鲤趋庭"的成语和故事，没有人知道他干过什么。

孔子和斯大林的大臣

有人向孔子问起子路和冉有："子路和冉有是否称得上是'大'臣呢？"孔子回答说："所谓大臣，是能够以大道的要求来侍奉君主的，如果做不到，就宁可辞职不干。子路和冉有这两个人，只能算是'具'臣。"（所谓大臣者，以道事君，不可则止。今由与求也，可谓具臣矣。）"具臣"就是有才干的臣子。有才干，虽然没有名臣那样的高风亮节，没有贤臣那样的清白无私，但这样踏实做事的具臣，几乎是每个政府的中坚力量了。但在孔子看来，还是不够的。

孔子称赞自己最喜欢的学生颜回时，有一次把颜回放到了和自己同样的高度："用之则行，舍之则藏。唯我与尔有是夫！"被人任用就施展抱负，没人任用就自己安静修行。阿回啊，只有我和你可以做到吧！这样的描述，我认为是用来描述大臣的。可惜颜回早死，没有从政的机会，不然，应该可以留下做大臣的事迹和美名。

二战期间，德国铁蹄一度进展神速，击得苏联军队败退。总参谋长朱可夫到斯大林办公室汇报军情，建议应从西部联军增援西南方一个集团军。当时西部联军担负的是白俄罗斯也就是莫斯科大门的防御。斯大林却质问朱可夫："你认为莫斯科方向的防御应受到削弱吗？"朱可夫说："不，我认为这个方向的敌人暂时不会向莫斯科进攻，半个月内我们就可以从远东调来八个师加强莫斯科的防御。"而

斯大林却不这么认为，两人起了争执。要知道，四海之内能找到一个敢叫板斯大林的，可能也就他朱可夫一个。"如果您认为我这个总参谋长在胡说八道，您还要我做什么？我请求您解除我的职务！"于是朱可夫被下放到一个小地方作战去了。事实上朱可夫的判断十分正确，很快，朱可夫被斯大林召回，斯大林还破例等了朱可夫一个小时零五分钟。斯大林在此之前是从来不等人的。

朱可夫与斯大林的故事，恰好可以证明大臣的节行：所谓大臣者，以道事君，不可则止。遗憾的是，古代似乎从来都不缺乏大臣，却奇缺赏识大臣的皇帝。唐宪宗信佛，派人去把释迦牟尼佛的一节指骨迎接到宫中来供奉，劳民伤财。韩愈写了一道奏章《论佛骨表》来劝阻。唐宪宗大为恼火，要杀掉他，因宰相和其他大臣等出来说情，才把韩愈降职，贬到广东潮州。大臣韩愈的心愿是"欲为圣明除弊事，肯将衰朽惜残年"，皇帝唐宪宗做的却是"一封朝奏九重天，夕贬潮阳路八千"。像苏轼，像范仲淹，也有一样的遭遇。他们都没有一个能把他们召回，又等了他们一个小时零五分钟的皇帝。

陈光标，你不懂的

听一位长辈讲他在春节期间游玩客家村落的经历：年三十晚，在一个村庄里大鱼大肉，热情的村民把鸡腿都堆到他的面前，他觉得这个村子应该挺富有的。第二天大年初一，他赶到了另一个村庄，结果那里的村民都用白粥青菜来招待他，他觉得这个村子大概是比较艰苦的。很久以后，他才从别处获知，这些客家村落的过年风俗就是这样的，年三十晚大鱼大肉，正月初一白粥青菜——吃素。

也有另一个故事，几个阔人到一家餐馆里点尽山珍海味，最后餐馆赠送了一盆看起来很普通的汤汁，阔人们尝过之后大赞美味，认为大拙一定藏巧，急切追问这道汤的做法。老板却摆摆手，很不好意思地说："连盐都没放，呵呵，就一个素菜汤。"那几个阔人坚决不信，如此美味的汤汁怎么可能是连盐都没放的素汤呢？老板说："你们刚吃尽了天下美味，已经没有什么正常的味觉了——这时候来一碗素汤，就极大地刺激了你们的味蕾。"

子夏问过孔子："巧笑倩兮，美目盼兮，素以为绚兮，何谓也？"漂亮的姑娘美丽的笑容酒窝微动，美丽的眼睛波光流转，穿上素色的衣服就很好看了——这是什么意思？孔曰："绘事后素。"绘画的时候，最后才着白色。春秋时期，用于绘画的是帛，帛在那时还不能制作成白色的，所以当时的绘画是将其他颜色都着好后，最后才

着白色。待白色一上好，画作就算完成了，别的颜色在白色的映衬下，整体效果就出来了。孔子在此以"绘事后素"来说明，为什么漂亮的姑娘穿上素色的衣裳，或者说简单的打扮就显得十分美丽了。

子夏听后，再问："礼后乎？"子曰："起予者商也。始可与言诗已矣。"孔子给子夏的评价很高，说能启发我的就是子夏你啊，可以和你讨论《诗经》了。"子夏的"礼后乎"三个字分量到底有多重，让孔子如此兴奋呢？——"礼仪，也是后面才加上的吗？"这意味着子夏真正悟到了"礼"与"仁"的关系——仁爱之心像是一个天生丽质的姑娘，用"礼"来修饰她就会更美好。

忠信之人学礼，礼在其后起，而后增加忠信之美质。今人抱怨中国传统太过于形式，想必是只学到了皮毛而不得其精髓。礼仪不是最主要的，更重要的是仁爱之心，"礼"和"仁"配合起来，才相得益彰。犹如素色间于五彩而增加五彩之鲜明——反正，陈光标，这个高调慈善的富豪，是不懂这个道理的。

第十章　日常的孔子

怪不得世人看待读书人，看待知识分子，就觉得你们就应该挨着饿受着冻也要不食嗟来之食，你就是要高洁，不能贪图物欲。

圣人的育儿经

有一个脑筋急转弯，站在什么东西面前你一步都不能走？嘿嘿，这个答案在《论语》里有。

子谓伯鱼曰："女为《周南》《召南》矣乎？人而不为《周南》《召南》，其犹正墙面而立也与！""女"通"汝"，"你"的意思。伯鱼是孔子的儿子孔鲤。有一天孔子对他说："你仔细读过《周南》《召南》了吗？"《周南》《召南》是《诗经·国风》开头的前两章，内容是讲家常相处之道。"一个人如果没有仔细读过《周南》《召南》，那他就会像面朝墙壁站着那样。"——无路可走。对了，这就是上面说到的脑筋急转弯的出处和答案——当你站在墙壁面前的时候，你是一步都走不动的。"正墙面而立"，什么都看不到，哪里都走不了。

看来孔子对他的儿子伯鱼进行教育时是十分注重阅读《诗经》的，那么其中的缘故是什么呢——"小子何莫学夫诗？诗，可以兴，可以观，可以群，可以怨。迩之事父，远之事君。多识于鸟兽草木之名。"孔子是说，同学们为什么不学《诗经》呢？学《诗经》可以激发志气，可以观察天地万物及人间的盛衰与得失，可以使人懂得合群的必要，可以使人懂得怎样去讽谏上级。从近处说，可以懂得如何侍奉父母；从远处看，懂得如何侍奉国君。还可以多了解大自然呢。孔

子是把《诗经》当作儿子和学生启蒙教材了。现在的家长大多不读《论语》，更不会去读《诗经》吧？恐怕有心去读，也读不懂。我妈倒是教我读《论语》，但没有教我读《诗经》。看来我妈与孔子还是有很大差距的，嘿嘿。

有个叫陈亢的学生，想从孔子那里讨得育儿经，又不好意思直接去问孔子，就从伯鱼那里下手，欲探得什么育儿秘籍。陈亢问："你在老师那里听到过什么不同的教诲吗？"伯鱼不假思索地说："没有啊！"伯鱼毕竟是个老实孩子，过了一会儿想想又说："等等，好像有啊。有一回他在庭院里站着，看见我走过，他把我叫住，问我学《诗经》了吗，我说没有，他说不学《诗经》就没有说话的凭借。他又问我学'礼'了吗，我说没有，他说不学'礼'就没有立身处世的凭借。"陈亢听了一溜烟地跑了，心里很得意："我才问一件事儿，结果伯鱼那傻孩子告诉了我三件事儿：一是要学'诗'，二是要学'礼'，三是君子要和儿子保持距离。"

父子相互保持距离大概是源于古代父严母慈的传统。孟子也有个说法叫作"父子不相责善"，后来就有"易子而教"的做法。父子关系和师徒关系有其相似之处而又不尽相同。但当父亲就是老师，儿子就是学生时，就要考虑亲子关系和教学效果的冲突了。从"君子远其子"来说，似乎儒家要求父子关系淡漠些，但其实不然。

那个好龙的叶公曾经告诉过孔子："我的乡里有个正直的人，他的父亲偷羊，他把他父亲检举了。"孔子听了淡淡地说："我的乡里正直的人是不一样的：父亲偷了羊，儿子替父亲隐瞒；儿子偷了羊，父亲替儿子隐瞒。正直就在这相互隐瞒里面。"所谓的"大义灭亲"，孔子是不赞同的。孔子是亲情主义者。也许从这里说，陈亢所理解的"君子远其子"并不全对，起码在孔子对儿子来说，有所远，有所近。

伯鱼五十岁时就死了，比孔子死得还早。孔子是白发人送黑发人。伯鱼死了之后，没有记载孔子的表现。只有在颜回死时，颜回的爸爸要求孔子卖掉马车给颜回办隆重的丧事，孔子说了一句比较了一下颜回和伯鱼："才不才，亦各言其子也。"意思是："虽然你的儿子成才了，我的儿子没有成才，但对各自来说都是自己的儿子。"读之让人鼻酸。

孔子的休闲生活

　　"子之燕居，申申如也，夭夭如也。"

　　孔子平日里，态度安稳，神情舒缓。

　　窃以为，后八个字，像《诗经》里的话。要知道孔子活在乱世，平日里也是在乱世里。在乱世里像《诗经》里一样，"申申如也""夭夭如也"，确是一件不容易的事。他自己也有描述自己平时生活的话："饭疏食饮水，曲肱而枕之，乐亦在其中矣。"吃的是粗食，喝的是冷水，手臂弯起来作枕头，这样的生活也是很有乐趣的。想想这样简朴的生活，孔子都能在其中找到乐趣，乱世中自然能"申申如也""夭夭如也"了。

　　孔子夸颜回"贤哉"，"一箪食，一瓢饮，在陋巷。人不堪其忧，回也不改其乐"。读到这里，我想颜回在哪里修得如此这般的安贫乐道之术呢，原来答案在孔子这里。有其师，有其徒。难怪颜回最得孔子之心了。

　　孔子与学生们谈理想，几个得意弟子谈到的理想都是治国安邦。只有曾皙说："暮春者，春服既成，冠者五六人，童子六七人，浴乎沂，风乎舞雩，咏而归。" 暮春时节，穿上春天的服装，由五六个成年人，带着六七个小孩子，在沂水里浸浸温泉，在舞雩台上歌舞一回，然后伴着歌声归家去。曾皙的理想非常家常，又非常诗意。孔子听后喟然长叹，"吾与点也！"——我赞同曾晳的理想啊！曾晳的这个理想，所描述的那个情境，正好可以用来注释孔子的"申申如也""夭夭如也"，可见孔子的生活志趣。

像鲁迅先生，他也是个豁达的人。一般人的印象中，他总是严肃的，深刻的，随时准备战斗的，有着像雕塑一样冷峻的神情。但随时都在战斗着的那个是李敖，不是鲁迅。鲁迅是个爱笑的人，他的笑声爽朗，可以从内屋传到前门。鲁迅所处的年代一样不太平，时时有暗杀威胁着他。鲁迅在忧患间生存着，而面有安乐之色，实属不易。

孔子在陈蔡之间讲学时被军队包围，也有断水绝粮的时候，有人如坐针毡，有人灰心丧气，但孔子依然奏乐讲学，安然如故。"人生如白驹过隙，忽然而已"，在这"忽然"之间，一个人的成功，也许并不在于他拥有多少物质财富，怎样的学富五车，也许只是一份处世的从容。

他人拾起金箍棒，孔子的眉宇间自是玉宇澄清万里埃了吧？

孔子的食品安全问题

民以食为天。孔子是不是也以食为天呢？一般人看来，也许会觉得在"食"上，孔子一方面很无所求无所谓，一方面又很挑剔很苛刻。

看看他无所求无所谓的一面：

子曰："君子食无求饱……"我有一个长辈，他一吃就吃得很饱，然后他摸着肚皮说，唉，养生专家老是建议吃饭吃个七成饱就行了，又没把持住……我每天给我妈打电话，我妈都有这一句：一定要吃饱哦！我当然也很听话，每顿都把自己喂得很饱。但每到最后一节课，还是饿，一饿就不专心听课，老师讲什么都听不见了。我很苦恼，我妈说，饿是好事啊，到了最后一节课你还不饿，还没有食欲，去饭堂排队都没有动力，不是什么好事情的。我再问，那听课专心不了怎么办呢？我妈无语了一会儿，说，见贤思齐嘛，继续发愤估计就能忘食呢？我试了好多次，还是专不了心——看来我离君子还很远哪。

夫子自道时，有一条就是"发愤忘食"，说他自己努力起来就忘了吃饭。傅佩荣老师说自己一发愤就想起还没吃饭，越发愤越饿。我相信这是傅老师的调侃。我妈倒是跟我说起她老人家少年时期一次"发愤忘食"的体验。她念初三时，有一天中午，她吃过饭就去教室做数学题，她老人家那时数学不怎么好，于是立志从难题做起，还美其名曰"挑战自我极限"。她做呀做，做到下午上课就上课了。下午下课，随同学们一起到饭堂取饭（饭是用自己的饭盒装着米和水，拿来饭堂的大笼屉里蒸的），遍找不着，才想起来忘拿米来蒸了。同学们很同情也很仰慕她，一人分一点饭给她吃。后来班主任就狠狠地表扬了她，就用了"发愤忘食"这个词。当然也顺便表扬了同学们的友爱精神。

再来看看孔子对饮食"很挑剔很苛刻"的一面。

《论语·乡党》里第八章，记载了孔子诸多的饮食戒条：食物不以做得精致为满足，肉类也不以切得细巧为满足。放久的食物变了味道，鱼和肉腐坏了，都不吃。颜色难看的，不吃。烹调不当的，不吃。节令不对的食物，不吃。切割方式不对的肉，不吃。没有相配的调味料的，不吃。即便吃的肉较多，也不超过所吃的饭量。只有饮酒不限量，但从来不喝醉。买来的酒和肉干，不吃。姜不随食物撤走，但不多吃。吃食物时不说话。即使吃的是粗饭与菜汤，也一定要祭拜，态度一定恭敬而虔诚……我妈有时候也看一些养生书，还看《黄帝内经》，她说就冲这段话，就知道孔子在养生方面是很有心得和有把持的人，而不是一般没文化的人认为的那种美食主义者。我也听傅佩荣老师讲过，他说他五十岁才了解为什么孔子对"割不正"的食物"不食"，因为人到了一定的年纪，牙齿不好了，咬不动切得不好的食物了。我妈还说起，我外公年纪大了以后，不吃很多东西，理由就是一条：切成那样，成心不让我吃！我相信我妈和傅老师的说法。

以今日的饮食科学看来，这些都是健康饮食的基本出发点：食材要新鲜，按季吃菜，少吃肉，少喝酒，多吃姜，切肉生熟分开，少下馆子。不像现在的人，一天到晚呼朋唤友说"出来喝几杯"，真心朋友不知道有没有，酒肉朋友倒是一大堆。当然，现在的食品都不知

道有几样是"安全"的了，怪不得报纸上网上天天都是"食品安全"问题。民以食为天，食物安全成了当下中国的大问题，孔子要活在今天，不知道他老人家要怎么选择食物了，唉。

子曰："士志于道，而耻恶衣恶食者，未足与议也。"孔子认为，对口福衣食之享过分注重的人，精神追求也有限，根本就不必与这样的人讨论什么人生大义。孔子在饮食上究竟态度如何呢，通读《论语》的人肯定会对那些认定孔子是美食主义者或是挑食主义者的人说一句："未足与议也。"

孔子走路的学问

　　小时候看古装片，常常看到一些人走路姿势很奇怪，身子往前倾，踏着小碎步。问我妈，我妈说，这种姿势叫作"趋"，小步快走。一般大臣，上朝用快步趋行表示对皇帝的礼敬。她老人家还旁征博引了很多例子，其中一个是《战国策》里面有个故事叫"触龙说赵太后"，触龙上朝见太后时，用了一种别有用心的姿势，叫"徐趋"，慢慢地腿脚似乎有毛病地小步快步，好引起太后的注意和同情，给他的游说成功作了完美的铺垫。没想到，古人走路还有这么多学问。

　　孔子的儿子孔鲤，见到孔子也是"趋"的："鲤趋而过庭"，孔子站在庭院中，孔鲤小步快走，表示对父亲的尊敬。

　　颜回跟孔子在一起怎么走路呢？庄子调侃说是"亦步亦趋"："夫子步亦步，夫子趋亦趋，夫子驰亦驰，夫子奔逸绝尘，而回瞠若乎后矣。"以颜回对孔子的崇拜，"亦步亦趋"倒是描述得很形象。以颜回的贫穷和瘦弱，老是跟不上孔子于是掉队，也是实情，在《论语》里面也有记载。有一次颜回又掉队了，第二天才赶上，孔子才放心，说阿回啊我以为你死了呢，颜回擦擦汗说，老师啊您还在，我怎么敢死嘛。

　　一般大臣"趋"，孔子的儿子"趋"，孔子的弟子"趋"，孔子

很讲礼，他见到国君和级别高的官员，当然也只能用"趋"了。但孔子也只是"趋"而已吗？他的"趋"至少跟触龙一样高明吧？

"君召使摈，色勃如也，足躩如也。揖所与立，左右手，衣前后，襜如也。趋进，翼如也。宾退，必复命曰：'宾不顾矣。'"鲁君召孔子去接待外国的贵宾，他面色矜持庄重，脚步也快了起来，向两旁的人作揖，或者向左右拱手，衣裳一俯一仰，却很整齐。他快步向前，好像鸟儿张开了翅膀。贵宾辞别后，他一定向君主报告说："客人已经不回头了。"

"没阶，趋进，翼如也。"孔子走完了台阶，快快地向前走几步，好像鸟儿舒展了翅膀。

"过位，色勃如也，足躩如也。"经过国君的座位，面色便矜持庄严，脚步也快。

"子见齐衰者、冕衣裳者与瞽者，见之，虽少，必作；过之，必趋。"孔子看见穿丧服的人、穿官服的人以及盲人，即便这些人年龄较轻，他也一定从座位上站起来，经过他们的时候，也一定加快脚步。这里，孔子对官服和对丧服一视同仁，不像一些人，见到弱者就倨，见到强者就恭。他用快步经过不作多余的停留来表示对不幸者的尊重。于丹教授讲到这里，动情地说："……你不要打扰他们太久，不要惊扰了他们的伤痛。你应该悄悄地从他们面前经过。这就是一种礼仪，这就是对人的一种尊重。"

孔子走路总是这么快吗？他也有慢的时候。

"乡人饮酒，杖者出，斯出矣。乡人傩，朝服而立于阼阶。"于丹教授说："在举行乡饮酒礼后，孔子总要等拄手杖的老人出门后，自己才走，绝不与老人抢行。乡亲们举行驱除疫鬼的仪式，孔子一定穿着朝服，恭敬地站在东面的台阶上。"这都是一些最小最小的礼节……圣贤的言谈举止就是这么朴素……让我们觉得圣贤未远……

还有，其他的场合，孔子怎么表现的呢？

"入公门，鞠躬如也，如不容。"孔子走进朝廷大门时，谨慎而敬畏的样子，好像没有容身之地。

"立不中门，行不履阈。"站，不站在门的中间；走，不踩门槛上。

"升车，必正立，执绥。"孔子上车，一定先端正地站好，拉着扶手带登车。

……

孔子一生，走过的路很多，赶过的路也很多，一生奔忙行君子之道，周游列国推行自己的政治主张……孔子在他七十有三的那一年，终于停下了他知其不可而为之的脚步。而现在，我又读到了他的思想翩然而来。

夫子之道与高房价

孔子一生奔波流离，童年时被家族驱逐，妈妈带他逃回娘家住。后来周游列国时，居无定所。

他最喜欢的学生颜回，"在陋巷"，天天快乐得不得了。"人不堪其忧，回也不改其乐。"颜回一心向道，不为外物所役，当然最对孔子的心思。现在的年轻人，大学刚毕业就说买不起房子，买不起车子，人生没有希望了，活着没有意思了，天天痛苦得不得了。我妈说，哼，你老娘我大学毕业那会儿房价是低啊，还不是一样买不起，一样住单位的房子，还是用夹板间隔出来的"房子"，哪一代人年纪轻轻的时候房子车子一应俱全了？年轻的时候不吃些苦，哪能算有完整的人生体验呢？一生下来就万事不愁，对于大多数人来说，又有什么寄托和奋斗目标呢，云云。当然，她最后还叹了一声，当然，现在的房价真是高得变态了。

子曰："士而怀居，不足以为士矣。"士人留恋高房宅院的安逸生活，就不值得被称为士人了。

孔子又说："君子食无求饱，居无求安……"贤德的人吃饭不要求饱足，居住不要求舒适……

哇，这么苛刻，难道士人或者君子等于苦行僧吗？

"士"是春秋时期介于贵族与平民之间的一个阶层。贵族从上到下又依次分为天子、诸侯、卿大夫，士其实是平民与卿大夫之间的一个中间阶层。士多习艺，或文艺，或武艺，有一技之长，然后凭此依附贵族，为贵族效力，或为谋士，或为武士，或为低级官吏，等等。这是当时普遍意义的"士"。这样的"士"，显然不是苦行僧。孔子所培养的学生，大多属于"士"这一阶层，或者说孔子的目标就是把学生们培养成"士"。于是，在孔子和他的弟子这里，"士"是被赋予了特殊含义和使命的另类的"士"，或者说这类另类的"士"，就是君子，或称之为立志做君子的人。

怪不得世人看待读书人，看待知识分子，就觉得你们应该挨着饿受着冻也要不食嗟来之食，你就是要高洁，不能贪图物欲。但杜甫估计不同意了，他在凄风苦雨中呼喊着："安得广厦千万间，大庇天下寒士俱欢颜，风雨不动安如山！"一般人读书，十年寒窗，是求功名利禄呢，还是求修为君子呢？两者不可得兼，颜回肯定是舍功名而取君子的。更多的读书人呢，世之熙熙，皆为利来，世之攘攘，皆为利往，书中自有黄金屋，答案自在其中矣。

看看孔子著名的弟子曾参是怎么定义"士"的："士不可以不弘毅，任重而道远。仁以为己任，不亦重乎？死而后已，不亦远乎？"士人不能没有恢宏的气度与刚毅的性格，因为他承担重负而路途遥远。因为士人要把行仁作为自己的责任，这个担子还不沉重吗？直到死了才可以停下来，这个路程还不遥远吗？其实曾子的话是可以这样翻译的：哥住的不是房子，是仁。

孔子说："君子居之，何陋之有？"唐代刘禹锡拿来做他的《陋室铭》的结尾。他的陋室"陋"在何处呢？苔痕上阶绿，草色入帘青。君子居之又如何"不陋"了呢？谈笑有鸿儒，往来无白丁。精神丰足，居不陋矣。怪不得孟子也说，无恒产者无恒心——这是指一般人。孟子又说："无恒产而有恒心者，惟士为能。"没有固定的产业，却有稳定不变的思想，风雨不动安如山的，只有士人能做到。看

来在这房价高得变态的时代，修炼夫子之道，把自己修炼成"士"，才能保证自己不患抑郁症了，唉。

第十一章　这样的孔门弟子

徐志摩遇见林徽因，这场遇见伟不伟大不好说，但的确是要了命的；而子路遇见了孔子，这是一场伟大的遇见，一场伟大的，也是要了命的遇见。

谁是最可爱的弟子

杨绛在她的书里说过，孔门弟子里面，她最喜欢的是子路，他性格最鲜明，最可爱。

孔子却不是最喜欢子路，不但不是最喜欢，还老骂他。子路是《论语》里面出场次数最多的弟子，也是挨骂次数最多的弟子。

子路音乐成绩不怎么好，被孔子讥讽，说他的演奏只能算登堂，未到入室的水平。

子路身为大师兄，回答问题时不知谦让，被孔子哂笑："为国以礼，其言不让。"

子路当面与孔子顶牛，说孔子"迂"，被孔子骂他"野"，粗野，没有礼节。

周游列国时，在陈国和蔡国之间断粮七天，同学们个个面有菜色，子路满脸恼火地来质问孔子，为什么我们立志做君子，却搞得快要饿死了，又被孔子暗讽为小人："君子固穷，小人穷斯滥矣。"

孔子夸颜回，子路吃醋，问孔子您要带兵打仗，带谁去呢？孔子骂他你以为你武功好我就一定会带你去么，你这个二愣子赤手空拳就敢去打老虎，光着脚就敢去过河，死了都不知道怎么回事，我才不带你去呢。搞得子路很没面子。

读到子路老挨孔子骂，才知道孔门弟子也不是个个唯唯诺诺只会

点头说Yes、Yes的，他有时还搞得孔子很尴尬，下不来台。

子路对于孔子坚持要去见有争议的人物——卫国国君夫人南子，很不高兴，板起脸，搞得孔子拿出天来发誓，发誓自己没有干越礼的事。

孔子有一次发牢骚说，没有诸侯用我，我出海隐居算了，跟我走的恐怕只有子路吧？子路一听高兴坏了，马上问老师我们什么时候出发？孔子本来就是发发牢骚，子路一下子当了真，孔子只好说，唉，阿由啊，你的勇敢超过了我，只是找不到做那么大艘船的木材啊。

难得孔子也有表扬子路的时候。

孔子说，穿着破棉袍，跟穿着名牌皮毛大衣的人站在一起，丝毫不脸红的，大概只有阿由一个人做得到吧？他既不贪求也不眼红，一点都不羡慕嫉妒恨，这样的人做什么事不成呢？子路背诵老师的教诲总也背不会，但难得被老师表扬一次，一下子就记住了，"子路终身诵之"，子路一辈子就背诵这句话，每天念念有词。搞得孔子哭笑不得，说，就这点儿德行，值得老挂在嘴上生怕别人不知道么？看看，本来是表扬的，到后来却又挨了一顿数落。

子路老挨骂，是样样都不争气吗？不是的，子路可是政事科的高才生。孔子夸他，根据一面之词，就可以查出实情来判决案件的，大概只有阿由吧。孔子充分肯定了子路的正直和能力。实际上，子路这个人答应要做任何事情，从不拖延。

骂的那么多，表扬的却那么少，那么子路拿什么样的心来对孔子呢？忠心耿耿，一片赤诚——自从子路来到孔子门下，再也没有人敢公开批评孔子了。那些人就算不怕孔子，也怕子路要上来跟自己拼命。

但子路有时候也是怕孔子的，为什么呢？"子路有闻，未之能行，唯恐有（又）闻。"子路个性率真莽撞，听了老师的教诲，觉得自己做得还不够好的时候，生怕又听到新的教诲——如果把老师的教诲比作子路心中之狼的话，那真是"前狼不止而后狼又至"，那真像欠债一样越欠越多啊。由此来看，子路虽然外表很强大，但绝不是那种债多人不愁的脸皮厚的主儿。

难得孔子门下有这么一个率真鲜活可爱可敬的子路！我喜欢！

一场要命的遇见

　　当年，也许是一个春风沉醉的晚上，徐志摩遇见了林徽因，据说是爱上了她。于是有了多年后他从南京乘小邮政飞机飞往北京听林徽因的演讲的举动，不料飞机失事坠毁，徐志摩诗魂归天。想来，这是一场要命的遇见。

　　而两千五百多年前，当孔子在大街上遇见一个不良少年，于是收他为徒，一辈子诲他不倦。后来这个当年的不良少年死于他的教导。以孔子的圣人之明，也绝对想不到吧，这其实也是一场要命的遇见。

　　但这也是一场伟大的遇见。

　　子路就是那个孔子在大街上捡回来的不良少年，纯属孔子的"自主招生"。跟北大清华复旦等名校的自主招生种种繁复程序完全不一样，孔子一开始是被子路充满个性的穿着及行为艺术给吸引住了：子路头上插着艳丽的公鸡毛，身上披着斑驳的野猪皮，手里拿着一把长剑在大街上晃荡，看谁不顺眼就要跟人家决斗。但孔子就是孔子，他说了一番话，于是子路乖乖地跟他回家，老老实实地做了一辈子的孔门大弟子。

　　后来孔子曾说过，阿由（子路的小名）你这个二愣子，赤手空拳就要去打老虎，光着脚就要涉水过河，死了都不知道懊悔的家伙；又说过像阿由这样的家伙，是不得好死的（"若由也，不得其死然"）。果然，公元前408年，子路在卫国任职。卫国宫廷作乱，子路其时正出差陈国，星夜兼程赶回大家纷纷逃离的卫国。路上还碰到正离开卫国国都的师弟子羔，子羔劝他调头走。子路却想着忠于职守，马不停蹄地奔向最危险的地方。据《左传》记载，在与敌人的搏斗中，子路的帽缨断了。"君子死，冠不免。"这老师的教导，子路牢记着。于是死前最后一刻竟然是把帽子理好，"结缨而死"——他在结缨，敌人正好乱刀相剁，剁成了肉酱——这就是子路的不得好死……

子路记得老师曾跟弟子们说过，帽缨歪了与礼不合。于是这个大大咧咧了一辈子的子路，竟然在生命的最后一刻文绉绉地整起了衣冠，维护起自己的形象，这与当年的不良少年形象大相径庭。子路死后，孔子大为悲伤，几个月见不得肉酱。

如果子路不曾遇见孔子，也许下场不致如此，他也许有另一种死法，最起码能死有全尸吧。但如果子路不曾遇见孔子，他也有可能死得更早，因为那时他整天拿着一把剑找人决斗，一副泼皮无赖活得不耐烦找死的样子。

孔子诱导子路向自己学习的那一场对话是这样的：

孔子：你怎么不跟我学习呢？（孔子是有名的大学者，恐怕这是他平生第一次求别人向自己学习。）

子路：学习有用吗？南山上有一种竹子，用不着矫正就是直的；砍下来做箭杆，一下子就能射穿厚厚的犀牛皮。（意思是子路我天生丽质，天生英才，哪里用得着学习！子路就是不把孔子放在眼里。）

孔子：南山的竹子做成箭杆后，在箭尾装上羽毛，箭首装上磨得尖尖的箭头，箭不是能射得更深入吗？（孔子是顺着子路的说法往下诱导，向他说明像你这样天生丽质的南山竹子，要是接受我的教育，一定会更有才更有用哦！）

子路一下子就懂了，恭恭敬敬地说：敬受命！于是马上向孔子行礼拜师。子路这一"敬受命"，最后真是以命相报了。这一年，是公

元前524年。

　　徐志摩遇见林徽因，这场遇见伟不伟大不好说，但的确是要了命的；而子路遇见了孔子，这是一场伟大的遇见，一场伟大的，也是要了命的遇见。

子路死在能耐上

　　子路在《论语》给人留下的印象就是忠厚耿直，还有就是三天两头被孔子骂，但子路小时候在乡里可是路人皆知的孝子，有一个成语就是说子路的，叫"子路借米"，二十四孝之一。子路小时候家里穷，长年靠吃粗粮野菜度日，有一回年迈的父母实在想吃米饭，可是家里的米缸已空得不能再空了，于是乎这个小子路就翻山越岭走了十几里山路，硬是从亲戚家背回了一小袋米，让父母一饱口福。邻居们都夸子路真是个好孩子。子路后来自己打柴挣钱，还上了亲戚家的米。

　　说实话，孔子三千弟子中，我最喜欢的就是子路，他敢于批评孔子，路见不平拔刀相助，十分勇敢率真，至少就敢指出老师错误这一点，在孔门学生中实属凤毛麟角。子路对孔子也是"忠贞不贰"的，孔子周游列国期间始终伴其左右，看见老师态度有所"动摇"了也会第一个站出来"敲打"孔子，途中有人想挖子路走，把子路从孔子身边诱拐走，子路撒腿就跑回孔子身边——我常常觉得要是孔子把子路给卖了的话，子路也是会跑回去替孔子数钱的。但孔子是不会把子路给卖了的，子路对于他来说十分重要，至少在他收了子路这个学生之后，没有人敢当面说自己坏话了，为什么？因为子路尚武，粗声粗气，孔武有力。有时我又觉得子路的忠诚率真之于孔子，恰如李逵之

于宋江。

不过，让我真正开始欣赏这个整天挨孔子骂的子路，是读到这句话之后——孔子对同学们说，"何不谈谈各自的理想？"子路的说法是，"愿车马，衣轻裘，与朋友共，敝之而无憾。"——子路愿意拿出自己的车马、衣服、皮袍，与朋友分享，用坏了也不抱怨——这便是子路的理想，很豁达，很朴素，很感人。这也许在孔子看来不算什么，但我已觉得很了不起，天下人有多少能做到呢？一般人是别人一向自己借东西就紧兮兮严防死守，而一旦别人把自己东西损坏或丢失，不立刻翻脸也暗地里恨你半辈子。

孔子终于表扬了一回子路："衣敝缊袍，与衣狐貉者立，而不耻者，其由也与？"这是孔子在夸子路，穿着打补丁的衣服和粗麻布棉袍，跟穿着狐皮大衣的人站在一起而坦坦荡荡毫无羞愧神色的，能做到这一点的大概就只有子路了吧？子路听到老师好不容易夸他一回，就终日对这则老师难得的表扬念念有词——子路的率真可爱可见一斑。

子路还有能耐，果敢非常，孔子也评价过他"由也果"。他当地方官断案时，只听片面之词就能下一个准确的结论断案，十分了不起，非果敢能耐之人无以致也。

子路尚武，做大将军时为护城壮烈牺牲；著名作家冯骥才有篇《俗世奇人》小说，最后一句话是"能人会死在能耐上"，也算是给子路之死作了一个总结吧。不过，人总是要死的，能死在自己的能耐上，也算是死得其所了。

好学生没有用

颜回可能是孔子门下最有德行的学生，名列德行科第一名；他也是孔子最欣赏的学生；他还可能是最聪明的学生；但是，他也可能是孔子众多著名的弟子里面最"没用"的学生了。

子谓子贡曰："女（汝）与回也孰愈？"对曰："赐也何敢望回？回也闻一以知十，赐也闻一以知二。"子曰："弗如也，吾与女（汝）弗如也！"子贡是个聪明人，爱跟人比来比去的。这一天孔子就问子贡了，阿赐啊，你跟阿回比一下，你觉得谁厉害呢？子贡吓得吐一下舌头，赶紧回答夫子，老师啊，阿赐我怎么敢跟阿回比呢？阿回听到一就知道十，阿赐我听到一才知道二。孔子也跟着感叹，是啊，你是不如他厉害啊，我们俩都不如他厉害啊！子贡听到老师说自己都不如颜回，吓出一身汗，暗想幸亏自己答对了——看看，老师都自认不如颜回，颜回算最聪明的学生应该当之无愧的啊！

但是，最早，孔子还觉得这个颜回笨笨的。

子曰："吾与回言终日，不违，如愚。退而省其私，亦足以发，回也不愚。"

在夫子的课堂上，颜回从不提反对意见和疑问，像个笨蛋。好老师一般都喜欢发言提问的学生，但颜回只会说"夫子说得真好"，满心欢喜的样子，孔子觉得自己是不是收了一个弱智学生啊。但孔子毕

竟是孔子，他下课之后再观察颜回的言行，发现他能发挥不少心得。孔子这才放了心，原来颜回不是笨蛋，而是聪明蛋。

即便发现了颜回是个聪明蛋之后，孔子对他还有不满。他有一次就说颜回是没用的家伙。子曰："回也非助我者也，于吾言无所不说（悦）。"这个阿回，不是对我有帮助的人啊，他对我所说的话没有一句不喜欢的。嘿嘿，这话说起来是批评，但听起来像是表扬。孔子希望教学相长，但颜回没有提问，没有反对意见，对夫子的学说照单全收，于是有了孔子这句欲抑却扬的表扬与批评结合得非常完美的话。颜回对于老师的学说，一听就懂，懂了就做，孔子应该是满心欢喜的。这句话，实属孔老夫子满心欢喜的抱怨。

现在的老师上课的时候喜欢好学生，他们很聪明，教他们不用怎么费心就能出成绩，很省事。但好学生毕业后老师就抱怨，说好学生对老师没感情，不如差生，多少年了还记得来看自己。其实也自然，当年不用怎么用心教，学生并没太多得益于老师，无从敬佩老师的学问，又哪来太多的感情呢？但颜回不一样，他对老师的学问佩服得五体投地，感叹道："仰之弥高，钻之弥坚。瞻之在前，忽焉在后。夫子循循然善诱人，博我以文，约我以礼，欲罢不能。"颜回的感叹是，越钻研，越觉得夫子的学问高深玄奥啊，加上夫子的循循善诱，使我想要停止学习的脚步都不可能啊。夫子呢，他怎么说？他说："语之而不惰者，其回也与！"又说："吾见其进也，未见其止也！"听我讲学而从不懈怠不厌倦的，只有颜回吧！我只看见他的学业天天在上进，没见他有停止的时候！看这对师生的来言去语，真是金风玉露一相逢，便胜却人间无数啊。怪不得孔子说哪个学生都算不上"仁"，自己也算不上，只有颜回，"回也其心三月不违仁。其余则日月至焉而已矣"。阿回呀，他能做到从心里三个月不违背仁德，其他人则只能在一天里或一个月里偶尔做到一两次罢了。

夫子问过子路、子贡和颜回同一个问题，问他们：难道是我的道不对？为什么我们会落到这种穷困潦倒的境地？子路、子贡的回答，都不能令夫子满意；只有颜回说，如果是自己道之不修，是我的耻辱；道已大修而不为天下所用，那是诸侯的耻辱啊。天下不容，又有什么关系呢？夫子听了不禁高兴地说：是这样的吗？颜家的小子呀！如果你有很多财富，我恨不得替你打工呢！孔子难得与爱徒幽默了一回，颜回在孔子心目中的地位，更是可见一斑。

　　在夫子眼里，聪明绝顶的子贡也没有颜回聪明，像子夏、子游这些学业有成的弟子，都不能跟好学的颜回相比。孔子老早就觉得，颜回是最得他学说精髓的人，是最合适做儒家学说掌门的人选。可惜颜回英年早逝，没能传承孔子学说，一生除了修好德行，留下美名，并没有建功立业。唉，天妒英才吧！

颜回英年早逝

卢梭是伏尔泰的学生，在法国启蒙运动期间，却有"当仁不让于师"的表现，更为激进，只是英年早逝。伏尔泰（1694—1778）比卢梭（1712—1778）大了一轮多但却又同年去世——我的历史老师说到这里，口出名言点评了一下："可见学生比老师先死，不是不可能啊……"说得一脸庄严。我们听得脑袋发麻，后颈顿时有阵阵凉风掠过……

孔子最喜欢最欣赏的学生颜回，生于公元前521年，死于公元前490年，享年三十一岁，亦是英年早逝，他死了之后孔子悲恸异常，指天长啸："噫！天要亡我！天要亡我！"

孔子喜欢颜回，颜回"好学"，刚毅木讷，安贫乐道。一曰："刚、毅、木、讷、近仁"，孔子也说过颜回："吾与回言终日，不违，如愚。退而省其私，亦足以发。"颜回是个内涵型的人，忠厚而内敛，就连孔子对他是慧是愚也产生过怀疑。孔子还说颜回家徒四壁，屋顶漏天，一到下雨天家里就雨脚如麻难断绝，但颜回住在这样的屋子里仍然感到快乐，正如后人宋濂所说的，"以中有足乐者，不知口体之奉不若人也"。

孔子和颜回可以说是亦师亦友，孔子曾经把颜回与自己相提并论："有人用我们时我们就出来做官，没人用时就安于民间，这大概就只有我和你颜回做得到吧！"颜回也会和孔子开玩笑，周游列国期间，颜回身体虚弱跑不快，掉队了，孔子很失落，第二天颜回终于赶上大部队了，孔子很高兴，就打趣道："阿回啊，我还以为你死了呢！"颜回怎么说？颜回说："老师您还没有驾鹤西归呢，我怎么敢先死呢？"

只是后来颜回确实死了，而且死在孔子前边，孔子若是想起这句话，会觉得很伤心吧。颜回死的时候，孔子伤痛欲绝，一旁的学生说："老师，您不是教导我们伤心或高兴的情绪都不要太过头吗？老师您这样伤心太过了吧？"孔子说："我这样也过了吗？但是我不为这样的人伤心，我还为什么人伤心呢？"也许那学生在一旁听着，心情就比较复杂了。

给颜回办葬礼时，颜回父亲要求孔子把出行的马车卖掉，换了钱来做颜回的椁（棺材外面的那一层棺材）。但这样不合周礼，孔子不愿意这样，他告诉颜父，颜回也不希望发生"与礼不合"的事情，但颜父一意孤行，孔子又是痛哭："阿回，这不是我要这样做的！"孔子知道，颜回和他一样都是守礼之人，就连死后葬礼也求合乎礼节，只是这样的事情，只有他们两人才能心意相通。

子贡你真是个东西

孔子有个学生子贡，他大名端木赐，一作端沐赐，字子贡，"贡"的古字是"赣"，所以也有写作"子赣"的。孔子叫他的时候叫单字"赐"。孔子十分喜欢子贡，也跟子贡说玩笑话。子贡是孔子的一个非常重要的学生，孔子后来周游列国期间的经费都是子贡赞助的，孔子晚年能回鲁国也是倚仗子贡的上下打点。子贡是言语科的高才生，他除了擅长雄辩以外，政治手腕也十分高明，还十分善于经商，是个八面玲珑的人物。

但是孔子对于舌灿莲花的人是颇有微词的，他说："巧、言、令、色，鲜矣仁！"也说："巧言乱德。"还说"刚、毅、木、讷、近仁"，等等。但偏偏子贡很会说话。子贡有一回问孔子："老师，您看我像什么？"孔子说："像个东西。""那老师您看我像个什么东西？""饭桶吧。"——孔子的原话是："瑚琏也。"这个瑚琏是古代祭祀时用于盛小米摆在供台上的器皿，简称"饭桶"了，但至少是个高级饭桶。

子贡是言语科的高才生，这一点毋庸置疑。他想知道孔子是否有意从政的时候，他不直接问，他绕个弯子："我有一块上等好玉（有美玉于斯），老师您说我是把它卖了呢，还是藏起来呢？"孔子是什么人啊？他一听就明白了，他立刻说："卖了吧！卖了吧！我在等待好买主啊！"我们后世人之所以知道孔子迫切地想做官，全赖子贡这一问。他的另一个学生冉有问子贡："老师会帮助卫国卫出公吗？"子贡说好吧我去问老师。子贡就跑去问老师了，但子贡又拐弯抹角地问："老师，您认为伯夷、叔齐是什么人啊？"伯夷、叔齐他们是古代孤竹国国君的合法继承人，但是兄弟互相让位都不做国君。孔子说："古之贤人也。"子贡又问："他们有怨言吗？"孔子说："求仁而得仁，又何怨？"子贡听了就离开了，并告诉冉有："老师不会帮助卫国出来做官的。"孔子也是求仁的人，做官不是为了做官，而是为了推行周礼造福苍生社稷。而卫国卫出公是要重用孔子让他去搞违礼那一套的，那孔子宁肯不做官，求仁得仁，又何怨哉？

子贡更有出色的外交口才。春秋时期齐国齐桓公为五霸之首，有一次他欲灭鲁国，鲁国是孔子的祖国，他赶紧派子贡去游说各国合纵连横。《史记》中有记载："子贡一使，使势相破，十年之中，五国各有变。"也就是存了"鲁"国，乱了"齐"国，破了"吴"国，强了"晋"国而使"越"国称霸；著名的吴越相争，著名的勾践卧薪尝胆的故事，著名的西施范蠡的故事，都拜子贡所赐。子贡是个狠角色，把鲁国的祸水一一引到国外去，还顺便当了各国的宰。

孔子临死前，子贡终于赶上了看他最后一眼，孔子对他说："阿赐啊，你怎么来得这么晚呢！"可见孔子是有意将衣钵传给他的，但子贡却志不在此，终可惜。但孔子死后，子贡在孔子墓旁守丧六年之久，还发动了造圣运动，把孔子推进圣人的殿堂。但当时的人看子贡，怎么看怎么比他老师有出息。

子贡，端木赐，现在则成了儒商的始祖。

东西，器也。子贡成器，成的是大器。这样看来，可以说子贡真是个东西。

子贡骂得，别人骂不得

子贡是孔子"麾下"一个能言善道的人，名列言语科第二名。但口才好的人有一个毛病，会滥用口才，喜欢批评别人，子贡就是这样。孔子也屡次教导过他。只是，有一天，他批评到孔子头上来了。

子贡批评孔子说，孔子大概就是比一般人的记忆力都好，广泛地阅读然后记住，就来授书教人了。这话传到孔子耳朵里，孔子就质问子贡："阿赐，女以予为多学而识之者与？"子贡一听，知道有人打小报告了，但也只好硬着头皮承认说："是啊，难道不是吗？"孔子说："不是的，吾道一以贯之。我有一个中心思想贯穿了我所有的知识。"

不要以为子贡从此会"怀恨在心"，虽然被老师当众质问不是什么光彩的事情。子贡在别人面前，在孔子死后，可是一个劲儿地把好话往孔子头上堆。

孔子死后，陈子禽夸子贡说："你就是谦虚吧？仲尼怎么可能比你优秀呢？"子贡回答说："君子一言以为知，一言以为不知，言不可不慎也！夫子之不可及也，犹天之不可阶而升也。夫子之得邦家者，所谓立之斯立，道之斯行，绥之斯来，动之斯和。其生也荣，其死也哀，如之何其可及也？"君子说一句话就可以表现他的智慧，一句话就可以表现他的愚昧，所以说话不能不小心。夫子的高不可及，犹如天没有台阶可以攀上去。夫子如果得到封爵而为诸侯，或得到采邑而为卿大夫，那就会像我们所说的那样，他要百姓立足于社会，百姓就会立足于社会；他要引导百姓前进，百姓就会向前走去；他要安顿各方百姓，百姓就会前来投靠；他要动员百姓工作，百姓就会同心协力。当他生活在世间时，人们以他为荣，当他不幸辞世时，人们为他悲戚。我怎么能赶得上他呢？

也有人在子贡面前诋毁孔子，大概目的也是跟陈子禽一样的。但像当年埃及人杀了庞贝以讨好恺撒一样，恺撒很不高兴，子贡也很不高兴："这样做是没有用的！仲尼是诽谤不了的！别人的贤德好比丘陵，你还可以超越过去，仲尼的贤德好比日月，无法超越。虽然有人自寻死路，但这对日月又有什么损害？只是自不量力罢了。"（叔孙武叔毁仲尼。子贡曰："无以为也！仲尼不可毁也。他人之贤者，丘陵也，犹可逾也；仲尼，日月也，无得而逾焉。人虽欲自绝，其何伤于日月乎？多见其不知量也。"）

我想，子贡批评孔子的时候，也许还年轻，也许那时候对孔子的认识不像后来那样全面和深刻。我又突然想起一句形容母校的话，母校是一个你自己可以天天骂，但容不得人家说半句不敬的地方。孔子之于子贡，大概也是这种感觉吧。

大愚大智的掌门人

孔子创下了儒家学派之后，接着就产生了一个无法回避的问题：谁来当这第二代掌门人呢？

颜回死的时候，孔子曾恸哭："天丧予！天丧予！"天要亡我啊，天要亡我啊！孔子本来是觉得颜回是继承他衣钵的最佳人选的。颜回不幸短命死矣，那退而求其次好了，第二喜欢的学生总可以了吧？

孔子临死前，在他生命的最后时刻，在外经商的子贡终于赶到了。老师见到他，叹息道："阿赐啊，你怎么回来得这么迟呢？"可见孔子本来是觉得子贡可以继承他的遗志的。可惜子贡志不在此，后来还是继续从商，成为大富豪。

孔子为什么最喜欢颜回呢？颜回十分好学，也十分聪敏，学习能举一反三。孔子甚至说过自己不如颜回的话。那子贡呢？子贡自认为比颜回差一点，但也很厉害，他曾凭借非凡的口才和外交手段成功地游说了四个国家一起来对抗强大的齐国，保全了鲁国，同时兼任这四个国家的宰。虽说子贡也是穷苦人家出身，但他凭借自己的经济头脑发了大财，传说孔子周游列国就是他资助的。子贡是一位真正的成功人士。但他没能成为担任传承孔子学说的旗手。那究竟是谁，接过了孔子的衣钵呢？

孔子一死，孔门弟子分为八派。到后来，倒是笨笨的曾参成就最大，他最后传承了孔子的学说。

孔子对曾参的评价是"参也鲁"，"鲁"就是鲁钝。曾参笨，反应比较慢。他父亲曾点有暴力倾向，曾参犯错时就得挨抽。父亲抽他时，他也不跑，还认为跑了不让父亲继续抽，就是不孝。孔子知道后告诉他，"你不跑，要是你父亲把你打死打伤了，他心里会难过，还犯了法律，乡里的人也笑话他，你不是更不孝吗？这样吧，以后你看父亲拿小木棍抽你，就别跑；拿大木棒打你，你就赶紧跑，知道吗？"你看，孔子教他要教得这么仔细，可见曾参真是笨得可以。

孔子也曾想过对曾参传授些宝贵的学术心得，他说："吾道一以贯之。"——我是有一个"道"一直贯穿着我全部的学说的。孔子是主动提醒曾参这一点的，要是别的学生早就扑上去立刻向老师提问，"老师您的'道'是什么"了。但曾参不这样，他竟然回答"然"！"然"就是"哦""嗯""Yes"！这是什么意思？曾参的这个回答，就像是今天有人跟你谈天气不错啊，你说是啊我知道。孔子很生气，立刻就走了，你既然都知道我的一贯之道是什么，我还上什么课呢？孔子走了之后大家立刻把曾参围起来："老师的一贯之道是什么？""夫子之道，忠恕而已矣。"台湾大学哲学系傅佩荣教授说，曾参的表现从一开始就很糟糕，"而已矣"三个字用得尤其差劲，他好像认为老师的学说没有什么了不起似的。孔子评价"参也鲁"实在是一语中的。

但就是这样的一个曾参，却成了后来的曾子，那个说"吾日三省吾身：为人谋而不忠乎，与朋友交而不信乎，传不习乎"的曾子，那个说过"士不可以不弘毅，任重而道远。仁以为己任，不亦重乎？死而后已，不亦远乎"的曾子。正是后面这句话，傅佩荣老师认为这才是参透了孔子的"一贯之道"——"仁以为己任！"所以曾子所传的

孔子学说最不失真，他还著述了《大学》《孝经》等儒家经典，是一代"宗圣"。

　　曾参笨了一辈子，他没有做生意的头脑，没有为官的本事，他就笨笨地老老实实地学习老师的学说。都说大智若愚，也许大愚也可成大智呢。

孔子骂：就你那一亩三分地！

古代的神农氏就是"重农"的象征。《汉志》九流十家，有农家，经典就是《神农》，管仲、李悝、商鞅，战国时期流行的法家，也是重农主义者。

孔子不喜欢这一套。有很著名的"樊迟请学稼"的例子佐证。樊迟想学种田种菜，去请教孔子，被孔子大骂："小人哉，樊须也！"（樊迟就是樊须）

孔子大骂樊迟"小人"，理由是什么？"上好礼，则民莫敢不敬；上好义，则民莫敢不服；上好信，则民莫敢不用情。夫如是，则四方之民襁负其子而至矣，焉用稼？"意思是说，只要在上位者都喜欢"礼""义""信"，就能吸引民众来归顺，哪里轮得到要靠种庄稼种菜来治理天下？我觉得，孔子骂樊迟"小人"，除了不高兴樊迟问稼穑问错人之外，更多的是觉得樊迟的格局太小，所谓"劳心者治人，劳力者治于人"，孔子心怀天下，向往尧舜，哪里可能认为这种问稼穑的人有鸿鹄之志？有句广告词说："心有多大，舞台就有多大。"樊迟满脑子满眼睛都是自家那一亩三分地，如何混得了孔子的江湖？所以，孔子认为樊迟格局小，于是骂他"小人"，不无道理。再者，樊迟的确无大作为。樊迟要是学好了君子之礼，治国之术，闲来再种种小菜，大抵也是一种调节和风雅。一心只种菜，孔子就骂他

小人，就你那一亩三分地，算了吧！

辛弃疾晚年有自嘲诗云："却将万字平戎策，换得东家种树书。"曾经的"金戈铁马，气吞万里如虎"，曾经的《美芹》和《九议》，他却在罢官闲居之后，不得不在栽桑种树间消磨时光，消磨他自己。辛弃疾曾在南宋弹丸地盘上时刻谋划着北伐，渴望统一国家，而他后来只能在自家的院子里，打打后院那片菜园的主意了。那句诗给人带来的，莫不是人生境遇和格局由大到小带来的无奈和伤感？

辛弃疾在战功方面郁郁不得志，不甘只在后院菜园施展拳脚，但他一生，成就斐然，不欲做文人却成了大文人，名垂青史；而樊迟一心"向农"，甘于"劳力"，留名《论语》而一生无所作为。两者悬殊，一目了然。

也说张爱玲。她一生都恨母亲，恋父情结严重，也走不出胡兰成的影子。虽说她最好的几篇作品在认识胡兰成之前就出来了，但接下来她跟胡兰成一起的时间里，创作相当丰硕，而跟他分开之后，她说"我将只是自我萎谢了"，她的创作生活随着情感生活一起萎谢了。在她五十几岁的时候，还能想起二十多岁时的欢愉和伤痛。她一直没能走出来。诚然，她困住了。虽然著作等身，但如果她从这个格局走出来呢？文坛上也许会有更美妙的奇景吧？而不是现在这样，谈起这个天才女作家时，只能谈起她如荒草萋萋的内心世界，如秋日凄凄的笔下文字。

孩子说，我要回家。大人便说，那你待家里好了。孩子说，不，我要先出门，然后才能回家——重要的是从家门走出去，从现有的世界现有的格局中走出去，哪怕最后发觉"月是故乡明"——但这隽永的诗句、深刻的体悟，绝不是待在故乡的人能悟得出来的。

乐而不淫，哀而不伤

"关关雎鸠，在河之洲。窈窕淑女，君子好逑。"（《诗经·关雎》）

《诗经》是孔子编的，《诗经》的开篇就是这个《关雎》。孔子评论《关雎》说，"乐而不淫，哀而不伤"。从这个评价中可以折射中孔子拳拳服膺的"中庸之道"。

这个"中庸之道"也可以从孔子主张"节哀"中看出，悲伤是要有个度的。

子贡守孝三年回来后见孔子，孔子让他弹琴。守孝是件悲伤的事情，而奏乐是件欢快的事情，孔子此举大抵是想知道子贡守孝三年之后的悲伤是否有节制。子贡从容不迫地弹起了琴，完后说："先王制礼，弗敢过也。"也就是说他子贡守礼，三年就三年，不会让悲伤的情绪影响到正常的社会礼节。孔子夸他"君子也"。这时子贡就问了："闵子骞守孝三年之后还伤心，您说他是君子；子夏守孝三年后已经不伤心了，您也说他是君子。他们两个人的表现如此不同，您却都称他们为君子。我很迷惑，斗胆问问这件事。"

子夏三年之丧毕，见于孔子，子曰："与之琴。"使之弦，侃侃而乐，作而曰："先王制礼，不敢不及。"子曰："君子也。"闵子骞三年之丧毕，见于孔子，子曰："与之琴。"使之弦，切切而悲，

作而曰："先王制礼，弗敢过也。"子曰："君子也。"（《孔子家语》）

子夏守完三年的丧礼，前来拜见孔子，孔子说："给他一把琴。"子夏边拉边唱，神情和乐得很，唱完站起来说："先王制作的礼乐，我不敢超越它啊。"孔子说："君子啊！"闵子骞守完三年丧礼，也来拜见孔子，孔子说："给他一把琴。"闵子骞边拉边唱，悲伤得很，唱完站起来说："先王制作的礼乐，我不敢超越它啊。"孔子亦称赞他说："君子啊！"

孔子对子贡解释说："闵子骞没有忘记哀伤，却能拿礼义来节制它；子夏已不再悲伤了，却能在欢乐时用礼义加以约束而不放纵。即使拿君子相比，难道有什么不妥吗？"（"闵子哀未忘，能断之以礼；子夏哀已尽，能引之以礼，虽均之君子，不亦可乎？"）想来，闵子骞"哀而不伤"，子夏"乐而不淫"，都符合"中庸之道"，孔子才会对他们竖起大拇指，称他们为"君子"。

凡事都有反例。尤其这个反例还来自于孔子自己。最得孔子欢心的颜回"不幸短命死矣"，孔子太过悲伤，"子恸矣！"他的学生说："老师您不是告诫我们要节哀吗？"言外之意就是老师您也要节哀啊，您悲伤得过了头了。孔子却说："我太悲伤了吗？我不为这样的人悲伤，还为什么样的人悲伤呢？"

孔子死后，学生们都按为父亲守丧之礼给孔子守墓三年。子贡守丧六年，是两个三年。按"礼"来说是违礼了，太悲伤了。如果叫子贡"节哀"，他大抵也会说："不为这样的人悲伤，我还为什么样的人悲伤呢？"

但从另一个角度看，孔子和子贡也都是符合中庸之道的吧，"该节制的时候节制，该哀伤的时候哀伤"。

凡事有度，过犹不及，虽说人各有志，但从道理上说，"中庸"式的情绪，确实比一味地追求"潇洒走一回"甚至"过把瘾就死"的说法要靠谱一些。

牛啊，羊啊，赶到哪里去

孔子好礼，这一点是毋庸置疑的。

他对违礼的人，几乎到了深恶痛绝的地步（"是可忍，孰不可忍"）。但是，有一回，他的学生子贡就打算做一件"违礼"的事。

"子贡欲去告朔之饩羊。"东周时期，秋冬之交，国君要把第二年的历书颁发给各路诸侯，诸侯接受历书后要把它们藏于祖庙。每逢初一，便杀一只活羊祭于庙，然后回到朝廷听政。这祭庙之礼叫告朔。但渐渐地礼坏乐崩，告朔之礼久不行。到了子贡的时候，每月初一，鲁君不但不亲临祖庙，而且也不听政，只是杀一只活羊虚应一下了。所以子贡认为不必要留此形式，不如干脆连羊也别杀了，免得浪费了一只羊。

子曰："赐也！尔爱其羊，我爱其礼。"孔子不正面批评他，只说，阿赐！你心疼那只羊，我心疼这个礼节。这只羊废了，这个礼也就彻底废掉了！

但以今时今日的价值标准，或者说就从我的眼界来看，我大抵是跟子贡同一阵营的，即使被老师骂了，心里想的可能还是这只羊最终还是被浪费了。也许动物保护协会还会批评孔子没有"众生平等"的观念呢。（"生"是生物的"生"）但孔子的核心思想是在人类社会层面的，不涉及动物保护。"厩焚。子退朝，曰：'伤人乎？'不

问马。"在那个奴隶社会里，在家中的马厩起火后，孔子退朝回来，只问有没有人员伤亡，没有问起作为财产的马的损失。孔子关心的是人，是在马厩里工作的人，而不是财产。动物保护协会想清楚了孔子的社会背景和仁爱之心再发言论也不迟。

孟子没遇到羊，他倒是遇到了一只牛。齐宣王有一天坐在大殿上，看见有人牵着一头牛去祭祀，牛在瑟瑟发抖，他不忍心了，就让人换一头羊去祭祀。齐国老百姓说齐宣王真小气，一只牛都不舍得，只弄一只比牛小得多的羊去应付一下祭礼。齐宣王觉得很委屈，明明是自己怜惜那只牛嘛，怎么这些老百姓一点都不明白自己呢？孟子知道后大大表扬齐宣王，说："凭大王您有这样的仁心就可以统一天下了（是心足以王矣）。"齐宣王很高兴，认为孟子与他心有"戚戚焉"。但孟子又问了，大王您要是看见了换来的那只羊也瑟瑟发抖，您怎么办呢，要换成什么呢？还有，大王您为什么只看到牛羊瑟瑟发抖，怎么没看到您的百姓挨冻受饿瑟瑟发抖呢？搞得齐宣王一时无语——孔子看到的话，可能也会说："大王爱牛，独不爱其羊乎？大王爱其牛，我爱其礼。"——所以还是应该用牛去祭祀——当然这是我猜的。

子贡说不要杀羊了，杀了是浪费；孔子坚持要杀羊，认为有些浪费是必须的。浪费了一些物质，还有精神的意义存在，就不算是浪费，恢复周礼就还有希望。希望是什么？鲁迅先生说希望是本无所谓有，也无所谓无的，世上本没有路，走的人多了，也便成了路。孔子老人家要是来应和一下鲁迅先生的话，他会这样说吧：世上本来就有大道，但走的人不多了，于是大道就荒芜了。当大道快要被荒草湮灭的时候，我还是坚持走我的大道吧。孔子一边说一边还回头，瞪子贡一眼：阿赐！跟上！

子贡跟没跟上不知道，反正孟子是跟上了！

第十二章 一座不朽的精神丰碑

钱穆说过："在孔子以前，中国历史文化当已有两千五百年以上之积累，而孔子集其大成。在孔子以后，中国历史文化又复有两千五百年以上之演进，而孔子开其先河。"可正因如此，孔子恰恰以一座里程碑的形象矗立在中国思想文化上下五千年的中央。每一个学习儒学的古代知识分子都是《论语》思想的外延，他们都是儒生，在一定意义上，他们都是带有强烈时代符号的孔子化身。

一座不朽的精神丰碑

　　自从妈妈买回一张朗读《论语》的光盘，家中便时时弥漫着那副悦耳而又悠远的女声。渐渐地，我对这把嗓音的熟稔竟超出母亲对我的叮咛。之后，我读《论语》，也写心得，按时交给报社的专栏，不经意竟有十万余字。出版社建议结集成书，起书名时，老师建议为《然读论语》，说"这是谢然读《论语》"，妈妈却建议叫《不读论语枉少年》，她知道《论语》对我的成长有多大的影响。我倾向后者。的确，我对社会，对人生，对我每天都在做着的那点儿学习之事的认识，无不浸透着《论语》所赐予我的滋养，而我日渐形成的国家之情、民族之魂，也正是根植于这座不朽的精神丰碑。

一、和谐——中华民族的社会理想

　　可以说，《论语》这本书，不仅仅是孔子的真实画像，也不只是儒家学说的理论来源，更是中华民族文化和精神建构的源泉。它最大的社会价值在于为人们画了一卷社会蓝图，即世界大同。

　　"季康子问政于孔子。孔子对曰：'政者，正也。'"（《论语·颜渊第十二》）可见，孔子认为政治、政策乃至从政者都应遵循着"正"这一原则。事实上，孔子在《论语》中论述时政见解以及政治主张时，也是遵循着"正"这个核心，譬如，"齐景公问政于孔

子。孔子对曰：'君君、臣臣、父父、子子。'"（《论语·颜渊第十二》）"子曰：'为政以德，譬如北辰，居其所而众星共之。'"（《论语·为政第二》）

大同，即以"正"治的社会。在《论语》中蕴藏的社会蓝图是一张以"正"作为底色的蓝图；如斯蓝图，亦是时人内心对社会的构想。孔子认为周制无瑕无缺，而当时社会之所以烽火连天，民不聊生，皆因周制礼坏乐崩。基于此，蓝图的实现捷径，孔子认为，就是萧规曹随，把社会重新带回到周公所创的国家机制平稳运行之中去。他提倡"仁"，提倡"德"，提倡"礼"，要"泛爱众"，"己所不欲，勿施于人"……他注重所有人际关系的和谐，他理想中的社会是君臣有义、父慈子孝、兄友弟恭、朋友有信的理想境界，一个和谐有序的大同社会。

只是，生产力和生产关系的矛盾变化所致的时代发展如蛋白质变性一样不可逆转，所以孔子这个回到过去的"和谐社会"的"构想"，尽管有别于"空想"，也同样是无法实现，也无从实践的。

然而，《论语》继承了前两千五百年的中华文化，后又影响了两千五百年的中华文化。孔子的仁政思想由孟子、荀子、董仲舒、朱熹等人继承和发扬后，成为两千五百多年来中国人对理想社会的精神支柱。《论语》衍生出来的儒学以其不可动摇的社会地位和历史地位，使得中国从汉武帝以来的历代读书人都成了"儒生"。由儒生精神作为精神核心的社会，形成了儒家的社会纲常，更重要的是，建构了儒家的社会精神，也即建构了中华民族的社会精神。

如果说，《论语》这卷社会蓝图，在两千五百多年前的当时，旨在让人们回到不可能回到的过去，那么，撤去时代的烟火，在两千五百多年后的今天，则指向了人类发展的未来社会。

二、修养——中华民族的个人追求

《论语》这本教育大书，对个人的修养与成长影响至深，尤其是对历代的读书人。

"修身齐家治国平天下"这一重要主题，纵贯《论语》全书，成为历代欲有大作为于社会之人的座右铭。我以为，此九言之根之要，当在"修身"二字。这好比道家所说的"一生二，二生三，三生万物"。

子路问君子。子曰："修己以敬。"曰："如斯而已乎？"曰："修己以安人。"曰："如斯而已乎？"曰："修己以安百姓。修己以安百姓，尧舜其犹病诸。"（《论语·宪问第十四》）

"修身"是"平天下"之始；不修身，无以平天下。历朝历代，佐证无数，战国孟轲"平治天下，舍我其谁"，汉霍去病"匈奴未灭，何以家为"，唐杜甫"安得广厦大庇天下寒士"，宋范仲淹"先天下忧，后天下乐"，宋张载"为生民立命，为万世开太平"，近代鲁迅"我以我血荐轩辕"……《论语》中这孔子一语，像一阕无垠的浪花，无论时空几何，也无论是处在江湖之远，还是居于庙堂之高，后世有志之士，莫不在这阕浪花中熙来攘往，"矢志不渝"。

儒家思想自汉武帝起就被独尊，又经隋唐以来科举制度的推崇，其地位日益加固，终使它在整一个封建社会里，在这两千五百年中恣肆纵横，至高无上。人是社会之人，个人价值观的形成必定受着社会主流思想的影响。正是在这样一个独尊儒学的社会环境中，中国传统知识分子的个人价值观——修身是平治天下之始，平治天下是修身之成——终被养成。这样的价值观，又为读书之人所传播，成为大众的精神向导。中华民族"善其身"而"济天下"的个体追求，自然由此得以强化，并成为绝大多数中国人的自觉行为。

尽管社会发展、科技发达带来的物质利益也在改变着今天的中国人，所谓"务实"的态度也如潮水般迅速浸染着国人的世界观与价值观，然而，中华民族个体文化的优良传统还在。君不见，面对腐化堕落的贪官污吏，面对假公济私的卑鄙行为，有多少中国人不嗤之以鼻，不厉声斥责？我们坚信："修身"始终是我们中华民族个人价值

的最低标准，是我们衡量个人品德的基本准则，而"修身齐家治国平天下"，则始终是我们国人实现人生价值的理想之路。近年兴起的"国学热"，虽遭到一些人的鄙夷，但民心所向，不恰恰证明了我们民族优秀传统文化的生命力吗？儒学从来都不是被古董家收藏的古玩，两千五百年来它早已成为真真正正的大众文化。不读《论语》，不宣扬儒学，当下中国社会的个人价值观将何去何从？

三、学习——中华民族的自觉行动

《论语》是师生对话录，这使我在读书时生出一种观赏一组名为"求学者"的大型群雕之感。作为一个求学者，我能从《论语》里找到很多同路人。

《论语》提供了很多学习方法，如"乐学""一以贯之""学而时习之""温故知新""切磋琢磨"等，但我认为，融入读物本身，又超出读物之外，最值得我们现代人注意和思考的应是另一个问题——学习的目的。

我们为什么要学习？子曰："古之学者为己，今之学者为人。"（《论语·宪问第十四》）子曰："君子谋道不谋食，君子忧道不忧贫。"（《论语·卫灵公第十五》）学习的目的不是充胖子，也不是铁饭碗，而是谋道，而是对知识和真理的不懈追求。子夏曰："学而优则仕。"（《论语·子张第十九》）子曰："事君敬其事，而后其食。"（《论语·卫灵公第十五 》）对知识和真理的学习有了阶段性成果，且学有余力后，方出仕从政，经世致用，为国效力。

学习，无论是对于个人还是社会，除了横向地在一笼空间里左顾右盼，也应该纵向地在一川时间里溯源，前瞻——在我们自己的文化发展历史里，有没有需要学习，甚至更应该去学习的文化？很显然，这是有的。但我们并没有学。子曰："赐也，女以予为多学而识之者与？"对曰："然，非与？"曰："非也，予一以贯之。"（《论语·卫灵公第十五》）孔子从十五岁立志求学到七十三岁的学习过程中恒有其道，"一以贯之"。 而在受新文化运动和"文革"影响过的当代社会里，我们除了从教科书里学到的科学知识，在校园环境里学到了基本的中学生守则之外，还学到了什么？别说从十五岁到七十三岁了，即便是从十八岁到二十二岁的大学生也未必见得有一个学习理念而持之以恒。如斯形聚神散，从出生到入土都不会是一首好诗。

《论语》中优秀的学习理念在过去的两千五百年里一直被读书人学习着。这样学习的古代知识分子，以这种古代知识分子组成的古代社会，才是我们过去的中国。这样成长起来的中国，它的根长在了《论语》里。而现在的中国社会根本没有注重从深深植根的土壤里汲取足够的养分，反而一味地从外界接受零星雨点和几米阳光。余光中的《夸父》说："壮士的前途不在昨夜／在明晨／西奔是徒劳／奔回东方吧／既然是追不上了／就撞上。"

四、《论语》是一座不朽的精神丰碑

总体而言，《论语》这部让炎黄子孙饱读了两千五百年的书，绝对是儒学普及的一大伏笔。在它之后，儒学犹如草蛇灰线般蜿蜒在中华民族思想文化的发展中。无论是"儒术""理学"，还是"心学"，都同脉同宗地延续着《论语》所传播的以"仁"为核心的儒家思想。无论是自幼学习儒学的中国古代知识分子，是半路出家的蒙古族，还是今天不再唯儒学是瞻的现代中国人，都不约而同地受到儒家文化的感召，并为此凝聚。儒学在中国封建社会里的绝对主流地位，使得"普天之下，莫非'儒士'，率土之滨，莫非'儒生'"。学习儒学以修身，修身以平治天下，完成一张在《论语》里就画好的世界大同的社会蓝图，这是人人心向往之的生命之路。

毫无疑问，《论语》传达的是中华民族的审美追求和精神趋向，反映的是中华民族的价值认同。它是中华文化和民族精神的一座丰碑。

值得一提的是，读《论语》，在很大程度上也就是在读孔子。

孔子作为《论语》里最具权威的传道授业解惑者，不愧是一位卓越的教育家、思想家。虽然，在中华民族思想文化的历史长河中，孔子也只是一位杰出的继承人，还不是一个原创者。钱穆说过："在孔子以前，中国历史文化当已有两千五百年以上之积累，而孔子集其大成。在孔子以后，中国历史文化又复有两千五百年以上之演进，而孔子开其先河。"可正因如此，孔子恰恰以一座里程碑的形象矗立在中国思想文化上下五千年的中央。每一个学习儒学的古代知识分子都是《论语》思想的外延，他们都是儒生，在一定意义上，他们都是带有强烈时代符号的孔子化身。

在现代社会里，文化创新无疑是社会实践与发展的重要推动力，是使一个民族乃至一个国家"清如许"的活水源泉。然而，对一个已经有着几千年文化积淀的民族、国家来说，继承是与创新分不开的，中华民族的优秀文化，永远是这个民族屹立于世界民族之林的根基。认识到这一点，对创新发展中国当代文化，必定大有裨益。

参考书目

[1]杨伯峻.《论语译注》[M].北京：中华书局，2006.12.

[2]李零.《丧家狗——我读〈论语〉》[M].太原：山西人民出版社，2007.5.

[3]傅佩荣.《傅佩荣细说论语》[M].上海：上海三联书店，2009.3.

[4](美)安乐哲,罗思文.《论语的哲学诠释：比较哲学的视域》[M].余瑾,译.北京：中国社会科学出版社,2003.3.

后 记

此情可待

我高二时（2010年）参加深圳第三届十佳文学少年的竞选，通过了初赛和决赛，有幸成了十佳之一，才有了给《深圳青少年报》写专栏的机会，才断断续续地写下了这近百篇的文章，才有了这本《不读论语枉少年》。其实当时在选择专栏内容时犹豫过。我当时觉得可以选择影评或校园生活随笔等，但听了母亲的想法之后，我立即决定写读《论语》心得了。因为能写影评和随笔的不只我一个，但论及写《论语》这类经典的解读随笔却是我能同龄人所不能了（请允许我怯怯地骄傲一下吧），然后专栏的名字就定下来叫作"子曰天然"，子曰当然是子曰，天然却是我谢然的然了——天生天养，自然而然。妈妈说当时给我起名，比生我下来还难。后来一想，既然选择的每个字节每个音节都有这样那样不合她意的地方，那就"然"吧，就这样，自然，天然……回想起来，我参加十佳的初赛海选时，限时作文里，我写的《仰望星空》，我仰望的那颗星星，就是孔子；后来我参加西北采风归来后写的决赛文章《断章，断章》，主题正是传统文化的继承与发展。大抵是我偏爱中国传统文化吧，冥冥中也是这样暗合的。

感谢天时。感谢举办十佳决赛的时候我正值高二，那是我正处于高中阶段稍为空闲的时期。

感谢地利。感谢深圳这座城市，深圳这座城市给予了我这片厚实的土壤。感谢《深圳青少年报》和《特区教育》，感谢深圳市海天出版社。

感谢人和。要感谢的人太多。

感谢曹文轩老师。您老人家再一次为我的习作集写序，此情，深感于心，却无以言谢！言语太轻，也不足言谢！我会以您为我的星空，继续仰望，继续前行。

感谢陈建伟老师。您对我的指点，是那种最慈爱的细致入微的指点和包容。深感于心，却不能言谢！我会努力，一定的！

感谢谢晨老师。您给了我太多的具体的指导，给了我太多的肯定和鼓励，给了我对自己有很高定位的信心。深感于心，却羞于言谢！这里，要对您说，谢老师，谢谢您对我的栽培。

感谢深圳出版发行集团尹昌龙总经理、海天出版社蒋鸿雁和程倩倩老师。母亲说，你们很看得起我的书，让我的书得到了很多特殊的照顾。非常感谢！

感谢《深圳青少年报》的习世军老师和郑艳艳老师，还有《特区教育》的陈锋老师。从西北采风那时开始，一直得到你们的指导，深深感谢！

感谢徐磊老师。您为我题写书名，让我的书增色出彩。也感谢您曾经为我题写过的"写意天然"和"水静犹明"，谢谢！

感谢我众多的干妈们。以你们的低调，你们是不愿意我列出你们的名字的。你们懂的，我也懂。

感谢母亲。妈妈，您对我的付出，对这本书的付出，我没想过要感谢，因为分量再重的言语也无法与您的付出平衡。我写过一篇随笔《写给妈妈的情书》，被很多报刊转载过，"这份情，永远未完待续"。是的。就这样。

感谢我所有的母校，特别感谢我的母校田东中学。田东中学是我"真正的"母校，这里是我儿时的安家之地，也是我母亲工作了十年并且要在那儿一直工作下去的地方。我六岁时母亲带我来到深圳，住进了田东中学的教工宿舍。从梧桐路拐进来，一路往家走，就走进了校门，走完校道，就回到了家。这条回家的路，其实是一条缓坡，每一步前行，都是不知不觉的登高。我现在在思绪中再走这条路，心里有一种温暖和向上的东西滋生着。操场是我玩耍的乐园，教学楼是我和伙伴们玩闹的迷宫，一片草丛，一叶露珠，都是我鲜活的记忆。我的母校靠着壮实的梧桐山，面向浩浩的大鹏湾，空气鲜得可以闭上眼睛用灵魂来呼吸。我的母校校训"知雅识礼，崇德尚美"，这八个字给我的教益像母亲的叮咛一样深厚而悠远。我也许以后会走很远的路，去读很多的书，去努力修养自己的人格和学问，但我一定忘不了我母校的这"知雅识礼，崇德尚美"八个字给我的启迪和滋养，就像我忘不了母亲的叮咛，忘不了自己要成为什么样的人。此情可待。

是为后记。